KB082973

소중한 마음을 가득 담아서

──────────── 님께 드립니다.

STICK **사랑합니다. 스틱!** 스틱은 당신을 응원합니다.
가까이 있는 당신을 생각합니다. 멀리 있는 그대를 그리워합니다. 가족을 사랑합니다.

퇴직이 좋은
7가지 이유

지은이 김종삼

대학을 졸업하고 군에서 시스템 장교로 근무했다. 이때의 경험을 살려 사회시스템전문가로 30여 년간 강의와 저술활동을 하고 있으며 기업이나 공공기관에 시스템에 관하여 컨설팅을 해오고 있다.

군생활을 마친 후 대기업에서 근무했으며 중앙노동경제연구원 책임연구원을 거쳐 한국표준협회 자격개발전문위원을 역임했으며 한국산업자격협회를 설립하여 기업이나 공공기관에 새로운 자격을 개발해주는 일을 하고 있다.

광주대학에서 교수를 역임했고 김해시민연대 대표를 맡아 사회시스템에 관한 역량을 다졌다. 공무원이나 공공단체, 기업에 강의하면서 여러 대학에 출강하고 있다.

송강 정철 선생이 성산별곡을 지었던 지실마을에서 유년 시절을 보내며 자연스럽게 유교를 공부했다. 고향을 떠나 유학을 하면서 기독교와 통일교, 하나님 교회, 불교(SGI), 국제라엘리안 무브먼트 등 여러 종교를 섭렵하였으며 최근에는 유튜브를 통해 정법강의와 창조자들의 메시지를 접하고부터 종교의 번뇌에서 벗어나 영혼의 세계와 차원세계에 관하여 공부를 계속하고 있다.

『나는 더 이상 끌려다니지 않기로 했다』, 『스스로 움직이게 하라』, 『Better Life Best Life』를 출간하는 등 저술활동도 활발히 하고 있다.

··········· 아무도 알려주지 않는 퇴직의 비밀 ···········

퇴직이 좋은 7가지 이유

·················· 김종삼 지음 ··················

stick

아무도 알려주지 않는 퇴직의 비밀

퇴직이 좋은 7가지 이유

초판 1쇄 인쇄 2024년 1월 15일
초판 1쇄 발행 2024년 1월 22일
지은이 김종삼

발행인 임영묵 | **발행처** 스틱(STICKPUB) | **출판등록** 2014년 2월 17일 제2014-000196호
주소 (10353) 경기도 고양시 일산서구 일중로 17, 201-3호 (일산동, 포오스프라자)
전화 070-4200-5668 | **팩스** (031) 8038-4587 | **이메일** stickbond@naver.com
ISBN 979-11-87197-44-7 (03320)

Copyright ⓒ 2024 by STICKPUB Company All rights reserved.
First edition Printed 2024. Printed in Korea.

• 이 도서는 저작권법에 따라 보호받는 저작물이므로 무단전재와 무단복제를 금합니다. 이 도서 내용의 전부 또는 일부를 재사용하려면 반드시 저작권자와 스틱(STICKPUB) 양측의 서면 동의를 받아야 합니다.

• 이 도서에 사용한 문화콘텐츠에 대한 권리는 각 개인 및 회사, 해당 업체에 있습니다. 연락이 닿지 않아 부득이하게 저작권자의 동의를 받지 못한 콘텐츠는 확인되는 대로 허가 절차를 밟겠습니다.

• 잘못된 도서는 구매한 서점에서 바꿔 드립니다.

• 도서 가격은 뒤표지에 있습니다.

〈원고투고〉 stickbond@naver.com
출간아이디어 및 원고를 보내주시면 정성껏 검토 후 연락드립니다.
출간정보(도서제목, 부제목, 저자소개, 집필의도, 도서내용요약, 목차, 독자층, 출간분야)와 샘플원고(또는 전체원고), 연락처 등을 이메일로 보내주세요.
자비출판, 전자책출판도 문의받습니다. 준비되셨다면 문을 두드려 보세요. 길은 펼쳐집니다.

스틱도서번호 S059 | 표지 (한솔제지)인스퍼M-클래스 백색 210g/㎡ | 본문 (한솔제지)미색백상지100g/㎡

행복한 퇴직의 비밀

이 책은 오랜 기간 회사생활을 하고 퇴직을 앞두거나 퇴직한 이들을 위한 내용으로 정리했습니다. 삶이 점점 나아지고 있을 때 사람들은 행복을 느낀다고 합니다. 반대로 점점 어려워지고 있다면 희망을 잃은 채 행복하지 않다고 생각합니다. 그런데 퇴직하고 나면 회사에 있을 때보다 나아지는 것을 찾아볼 수가 없습니다. 모두가 퇴직을 불안해하는 이유입니다.

퇴직이 아니더라도 사람은 누구나 매일 반복되는 일상에서 벗어나면 불안을 느낍니다. 또한, 같은 무리에서 떨어져 나오면 불안은 더하게 됩니다. 그 기간이 30년 이상이라면 두말할 필요도 없습니다.

언론이나 전문가들은 퇴직 후에는 무엇보다 돈이 문제라며 불안을 더 부추깁니다. 나이가 들면 병원에 자주 가야 하니 돈이 있어야 한다는 것입니다. 남는 여가시간을 보내려면 이 역시 돈이라고 말합니다. 돈이 있어야 자식들도 부모를 찾아온다고 합니다. 정말 돈이 문제일까요?

크루즈 여행을 떠난 가족이 있었습니다. 비용을 아끼기 위해 배 안에서 먹을 간식과 음식도 넉넉히 준비했습니다. 승객들 대부분이 배 안의 뷔페식당에 가서 식사했지만, 그 가족은 준비해 온 음식을 먹으며 알뜰살뜰 여행을 마쳤습니다.

여행을 마치고 돌아와 친구들에게 여행 이야기를 들려주었습니다. 여행비용을 아끼기 위해 배 안에서 미리 간식을 준비해 간 얘기도 했습니다. 그 말을 들은 친구들은 안타까워했습니다. 배 안에서는 모든 것이 무료였는데 그들은 몰랐던 것입니다.

　회사생활을 하는 동안 우리는 모두 황소처럼 열심히 일만 하며 살아왔습니다. 내 집 마련을 위해, 자식교육을 위해 한순간도 쉴 수가 없었습니다. 성실, 근면, 절약, 도전 등 우리가 평생을 두고 살아온 좌우명들입니다.

　자전거는 페달을 밟지 않으면 넘어지니 잠시라도 쉬면 안된다고 배웠습니다. 솔개는 자기 스스로 부리와 발톱을 뽑아내고 새로 자란 부리로 깃털마저 뽑는 고통 속에서 성장한다고 들었습니다. 솔개 이야기는 조류학자들이 말도 안 되는 거짓말이라고 했지만 지금도 기업 강의에서 단골 메뉴로 등장합니다. 그만큼 한순간도 쉬지 않고 일하며 고생하면서 살아온 것을 당연하게 받아들였습니다. 그렇게 사는 것이 잘사는 것으로 생각했습니다.

하버드대학교 로버트 라이시 교수는 이러한 현대인들의 삶을 담아 『부유한 노예』라는 책으로 출간했습니다. 우리는 지난 세월을 어쩌면 노예처럼 살아왔는지도 모릅니다. 오랜 시간 그렇게 일만 하며 길들다 보니 퇴직 후에도 이처럼 살아야 한다고 생각하고 있습니다.

지난 세월 열심히 일만 하고 살아온 여러분은 퇴직이라는 가장 소중한 선물을 받았습니다. 이제 해방이고 자유입니다. 예전처럼 일하지 않아도 됩니다. 제가 이 책을 쓴 목적이고 이유이기도 합니다.

퇴직 후 여러분이 맞이하는 세상은 온통 여유롭고 아름다움으로 가득합니다. 이제 죽으라고 경쟁하지 않아도 됩니다. 이 눈치 저 눈치 안 봐도 됩니다. 우리가 그렇게 살아도 되는 이유를 찾아 정리하여 책으로 엮어 출간하게 된 것입니다.

내용 대부분은 퇴직자들을 대상으로 강의했던 자료들을 모아 정리한 것입니다. 여기에 그동안의 저술활동과 부족한 저의 삶을 통해 터득한 교훈들을 담았습니다. 그런 만큼 모두가 공감할 만한 내용을 담았습니다.

책을 읽다 보면 퇴직의 불안함은 눈 녹듯 사라질 것입니다. 어느새 불안은 희망과 설렘으로 바뀔 것입니다. 더 나아가 퇴직

이후 삶을 더욱더 알차게 설계할 수 있을 것입니다.

　이 책이 퇴직을 앞두거나 퇴직하고 난 수많은 사람에게 희망
의 등불이 되기를 바랍니다.

양곡 서재에서

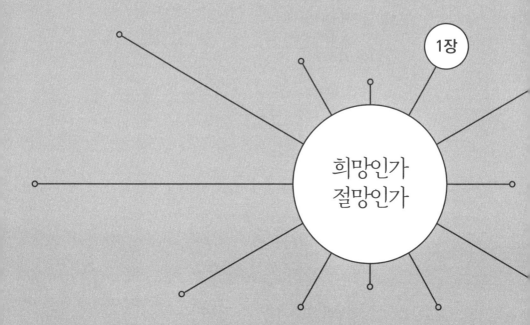

1장

희망인가
절망인가

회사 밖은 지옥

"회사가 전쟁터라고? 밖은 지옥이야."

"어떻게든 나오지 말고 버텨야지."

인기 드라마 미생에 나왔던 대화이다. 퇴직을 앞두고 가뜩이나 불안한 터에 퇴직하면 지옥으로 나가야 한다니 불안을 넘어 두려움이 앞선다.

언론들은 하나같이 OECD 국가 중 우리나라가 노인빈곤율이 1위라고 말한다. 여기에다 노후대책은 반대로 꼴찌라고 한다. 노인파산이 줄을 잇고 있단다. 그뿐인가 노인자살률은 세계

1위라고 한다. 노인들이 얼마나 살기가 힘들었으면 자살까지 할까. 이쯤 되니 퇴직 후 세상을 지옥으로 표현하는 것이 전혀 어색하지 않게 느껴진다.

퇴직자들을 지옥으로 몰아가는 일등공신은 스마트폰이다. 유튜브에 '퇴직'이라는 단어를 클릭하는 순간 수많은 퇴직 전문가들이 자극적인 제목으로 구독을 유혹한다. 그들은 퇴직을 두고 하나같이 불안과 두려움을 자극한다. 이들의 이야기를 듣다 보면 희망이라고는 찾아볼 수 없다. 모두가 절망을 이야기한다.

'재수 없으면 120살까지 산다.'라며 조롱 섞인 얘기를 하는 사람도 있다. 그러다 보니 오래 사는 것은 축복이 아니라 걱정으로 다가올 수밖에 없다. 퇴직자들에게 노후생활을 이야기하면서 떠오르는 단어를 고르도록 했다. 슬픔, 두려움, 불안, 허무, 쾌씸, 부당함, 서글픔, 우울, 절망, 내리막길, 바닥 등 하나같이 부정적인 단어들뿐이었다. 꿈, 즐거움, 안정, 평화, 기쁨, 사랑, 희망 등 긍정적인 단어는 찾아볼 수 없었다.

퇴직 후 사라지는 것들

모두가 이렇게 되기까지는 그간 살아온 환경 때문이다. 그동안 회사는 삶의 전부였다. 그 무대가 사라졌으니 상실감은 말로 표현될 수 없다. 직장에 있을 때는 매월 나오는 월급으로 모든 생활이 돌아간다. 그런데 퇴직을 하고 나면 당장 이 생명줄부터 끊어진다.

회사를 나오는 순간에 기가 죽는 이유다. 회사에 다닐 때는 유니폼과 직책이 나이에 어울리게 힘을 실어 주었다. 하지만 퇴직을 하고 난 후 유니폼을 벗고 자리를 내려오니 스스로 위축이 되고 초라해진다. 어디를 가도 자꾸 움츠러든다.

이제 나이가 들수록 기력은 없어질 것이다. 친구도 가족도 점점 멀어질 것이다. 늙어가는 만큼 체력도 건강도 안 좋아질 것이다. 이것저것 생각할수록 점점 안 좋아지는 것들뿐이다.

퇴직을 하고 나면 딱히 할 일이 없어진다. 할 일이 없이 시간을 보낸다는 것은 큰 고역이다. 혼기를 넘긴 미혼 청년들에게 가장 거북한 질문이 있다. "너는 언제 결혼할 거니?"이다.

퇴직자들에게도 이처럼 불편한 질문이 있다. "요즘 뭐 하고 지내세요?"이다. "그럭저럭 잘 지내고 있습니다." 대부분 퇴직자의 답이다.

우리는 '시간이 곧 돈이다.'라고 알고 있다. 회사에 다닐 때는 단 하루의 시간이 아쉬웠다. 평생 며칠의 휴가도 가지 못했다. 그런데 퇴직 후에는 무료하고 가치 없는 시간으로 바뀌어 버린 것이다.

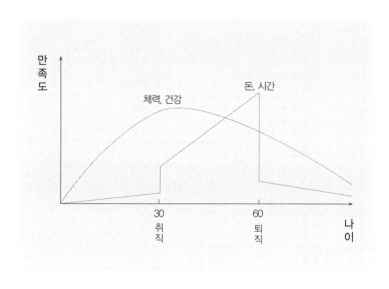

▲ 퇴직 후 만족도

그림을 보니 퇴직과 함께 수입은 한순간 추락을 한다. 매월 들어오는 돈은 연금이나 푼돈밖에 들어오지 않는다. 그렇게 바쁘던 시간은 갑자기 남아돈다. 내 지위도 명함도 같이 사라진다.

체력은 30대를 정점으로 점점 약해진다. 거울 속에 자신을 보니 처진 어깨에 초라한 모습이다.

불안과 두려움

사람은 누구나 일상화된 삶에서 벗어나면 불안을 느끼게 된다. 그 기간이 길수록 더 그렇다. 30년 이상 루틴화된 일상이 하루아침에 사라져버렸으니 불안이 클 수밖에 없다.

여기에 늘 같이했던 조직으로부터 떨어지면 불안을 느낀다. 에너지 공명의 법칙 때문이다. 같은 생각을 하는 사람들이 모이면 집단 에너지가 생긴다. 야구장이나 축구장에 가서 느끼는 에너지이다. 그 조직이 크면 클수록 집단 에너지는 비례해서 크게 된다.

이제 회사라는 큰 무리에서 떨어져 나왔다. 막막한 사막에 나 홀로 팽개쳐진 것이다. 주변을 둘러봐도 막막하다. 조금씩 불안감이 밀려든다. 불안이 계속되면 두려움으로 변한다.

여기에다 퇴직자를 가장 불안하게 하는 것은 갑자기 줄어든

돈이다. 돈의 힘은 어떤 것보다도 크다. 그런데 그 힘이 갑자기 사라진 것이다. 퇴직 후 수입은 막막한데 매월 지출을 생각하니 불안한 마음은 더한다.

다음으로는 늙어가는 것에 대한 불안이다. 요양원에서 휠체어를 탄 채 가족을 그리워하는 노인의 모습을 보면서 자신의 미래가 저런 것은 아닐까 불안해진다. 치매, 노인성 질환, 고독사, 알츠하이머, 요양원 등 노인 관련 소식을 접하면 괜히 기가 죽는다. 나이가 들수록 세월의 속도는 빠르다는데 내가 곧 가야 할 자리인가 싶어 애써 눈을 피한다.

지하철이라도 탈 때면 젊은이들 곁에 설 때 눈치가 보인다. 늙으면 노인 냄새 같은 게 난다는데 혹시 나도 그런 건 아닐까 하는 생각이 스치면 이내 몸을 움츠린다. 파고다공원과 같이 노인들끼리 모인 곳을 지나치다 보면 예전과 달리 한 번 더 보게 된다.

온종일 남아도는 시간에 무엇을 하고 보낼까. 종일 밥만 축내는 삼식이가 되는 것은 아닐까. 이것저것 생각할수록 희망이라고는 찾아볼 수 없고 불안은 점점 커진다.

사람들을 이리저리 맘대로 끌고 다니기에 가장 좋은 방법은 불안과 두려움을 자극하는 것이다. 조직을 끌고 가는 사람들은 이를 잘 이용한다. 긴장감이 풀릴 즈음이면 가끔 불안감을 자극한다.

남북이 대치된 우리나라에서 정치하기가 가장 좋은 나라인 이유이기도 하다. 간첩단 사건, 핵전쟁, 서울 불바다 등 안보 불안을 이유로 두려움을 자극하였다. 자신들의 권력이 약해질 때마다 교묘하게 이를 잘 이용했다.

불안이라는 바이러스가 증식하면 두려움이 된다. 두려움이 쌓여 증폭되면 이내 공포로 변한다. 바이러스는 면역력이 약한 자들을 대상으로 집요하게 파고들면서 빠르게 확산한다.

그들은 스스로 판단하거나 움직일 힘이 없다. 이때를 노려 누가 끌면 아무런 저항도 못하고 이리저리 끌려다니게 된다. 기득권층은 이때를 기다려 이들을 마음대로 끌고 다닌다.

누군가 만들어놓은 불안의 덫에 걸려들지 않으려면 불안이라는 바이러스를 멀리해야 한다.

퇴직 후를 말하다

퇴직을 앞두고 회사 밖으로 나가려니 점점 더 불안이 밀려온다. 그동안 살아온 삶의 방식으로 퇴직 이후 삶을 살아간다면 그야말로 회사 밖은 지옥일 수밖에 없다.

그런데 퇴직 전문가들의 이야기를 듣다 보면 뭔가 이상하다. 퇴직자들의 경험이나 인터뷰는 거의 없다. 더욱이 회사생활을 30년 이상 하고 난 후 자신의 얘기를 하는 퇴직자는 거의 없다.

그중에는 우리보다 일찍 퇴직문제를 겪은 일본 사례를 소개하기도 한다. 상당수 유튜버들의 콘텐츠는 자극적인 내용들이 대부분이다. 퇴직자들의 눈길을 끌기 위해서이다.

노인파산 이야기는 퇴직 전문가들의 단골 메뉴로 등장한다. 파산은 제법 큰돈을 투자해 사업하다가 한순간 망해버린 경우를 말한다. 유튜버나 언론들이 불안을 자극하기 위해 만들어낸 이야기일 뿐이다. 그런데도 퇴직문제를 거론할 때면 공공연히 노인파산 이야기부터 한다. 오랜 기간 회사생활을 하고 퇴직 후에 연금을 받는 평범한 퇴직자들에게는 전혀 해당이 안 되는 이야기다.

어디 그뿐인가. 퇴직 후에 자살하는 사람은 아무리 찾아봐도 없다. 여기에 더해 노인빈곤이 OECD 국가 중 1위라고 하는 이야기도 터무니없기는 마찬가지이다. 그냥 어디서 주워들은 이야기를 확인도 없이 옮긴 것이다.

모두가 말하는 지옥이란 그저 상상으로 만들어낸 이야기일 뿐이다. 퇴직 후 마주하는 세상은 결코 지옥이 아니다. 오히려 풍요롭고 아름다운 천국이다.

오랜 기간 퇴직자들과 강의와 상담을 통해 마주할 기회가 많았다. 이 책에 소개한 내용은 그들과 소통하면서 모두가 공감했던 내용들이다. 백번의 이론보다 한 번의 경험이 더 중요하다. 퇴직 후 생활을 이야기하려면 직접 퇴직생활을 경험해보는 것 이상 나을 게 없다. 내가 퇴직을 한 후 직접 퇴직자 생활을 3년 이상 경험하고 나서야 이 책을 쓴 이유이기도 하다.

회사, 학교, 교도소

"그때가 참 좋았지. 그때는 사이다 맛이 참 좋았는데…."

사람들은 지나온 과거나 옛것을 그리워한다. 그렇다면 대부분 사람은 어린 시절이 행복했을까. 나이가 들수록 행복은 점점 더 멀어졌을까.

서울대학교 행복연구소 최인철 교수는 이를 주제로 조사하였다. 코로나 기간 50만 명의 다양한 계층을 대상으로 행복도를 조사했다. 많은 인원을 조사할 수 있었던 것은 SNS 덕분이었다.

조사결과 어린 시절에서 10대 초반까지는 행복지수가 높은 것으로 나타났다. 이후 중학교에 진학하고부터는 행복지수가 점점 낮아졌다. 입시 위주의 학교생활 때문이었다. 학교 졸업 후 20대에서 40대까지의 행복지수는 거의 바닥이었다. 50대를 넘어 60대, 70대는 오히려 행복지수가 높았다. 퇴직 후에는 모두가 지옥이라는데 오히려 행복지수가 높게 나온 것이다. 예상을 빗나간 결과였다.

행복의 3대 조건

최 교수는 우리 몸에 필요한 3대 영양소가 있듯이 행복에도 3대 조건이 있다고 말한다. 이 3가지 조건을 기준으로 조사해 보면 이런 결과가 나올 수밖에 없다는 것이다. 그 3가지는 자유, 유능함 그리고 관계이다. 누구나 일상에서 이 3가지 중 한두 가지가 결핍되면 행복도가 낮아진다고 한다.

첫 번째 조건은 자유이다. 사람들은 억압 속에서 억지로 뭔가 해야 할 때 불행하다고 느끼게 된다. 강제로 구속을 당하거나 자유를 빼앗겨 본 사람이라면 자유의 소중함을 알 것이다.

▲ 행복의 조건

　두 번째, 사람들은 열등감을 경험할 때 불행하다고 생각한다. 어떤 일을 하는데 계속 지적을 받고 못한다는 소리를 들을 때면 불행하다고 느끼는 것이다. 하물며 잘하는데도 지적을 당한다면 좌절감은 더해질 것이다.

　특히 경쟁 속에서 수치상으로 등수가 낮을 때는 좌절과 열등감을 더 느끼게 된다. 학교생활 내내 친구들과 경쟁을 하여 등수를 매기는 학교생활이 얼마나 인간성을 파괴하는지 알 수 있는 대목이다.

　세 번째는 좋은 인간관계가 행복을 결정한다. 특히 좋아하는 사람과 같이 있을 때 행복을 느끼게 된다.

이제 우리가 평소 이 3가지를 얼마나 경험하며 퇴직할 때까지 살아왔는지 한번 생각해보자. 초등학교를 뺀 학교생활 10년, 직장생활 30년을 합하면 얼추 40년쯤 된다. 이 기간 동안 자유를 누리고 살았는가. 내 능력을 인정 받으면서 살았는가. 늘 좋아하는 사람과 같이 지냈는가.

회사, 학교, 교도소의 공통점

『도시는 무엇으로 사는가』의 저자 유현준 교수는 획일적인 학교 건물과 교도소 건물이 놀라울 정도로 너무 닮았다고 지적하였다. 이런 건물 속에서 배우는 학생들이 좋은 가치관을 갖지 못한다는 것이다. 나는 직업상 수많은 회사와 공장을 방문할 기회를 가진다. 이때 회사를 보면 오히려 학교만도 못한 건물들이 더 많았다.

회사와 학교, 그리고 교도소의 공통점을 좀 더 찾아보자. 그동안 강의를 하면서 퇴직자들에게 이에 대하여 물어보았다. 모두가 하나같이 비슷한 답을 했다. 그중 몇 가지를 간추려 보았다.

· 건물이 단조롭다.

· 제복(유니폼)을 입는다.

· 줄을 서서 밥을 먹는다.

· 여럿이 모여 단체생활을 한다.

· 자유가 없다.

· 잘해도 지적을 받는다.

· 싫은 사람이 곁에 있다.

· 직급과 서열이 있다.

· 동료들끼리 경쟁을 해야 한다.

· 꼭 내가 못하는 것만 시킨다.

· 갑과 을의 구별이 명확하다.

▲ 회사, 학교, 교도소의 공통점

그중 눈에 띄는 3가지가 있다. '자유가 없다.', '잘해도 지적을 받는다.', '싫은 사람이 곁에 있다.'이다. 행복의 3대 조건과는 정반대이다. 우리는 인생 대부분을 학교생활과 직장생활을 하

며 보냈다. 결국, 인생의 황금기 40년 동안 행복을 등지고 살아
온 것이다.

직장에서 너무 오랜 기간 이런 생활을 하다 보니 모두가 익
숙해졌다. 노예처럼 시키는 일만 잘하고 구속된 생활에 익숙해
져 버린 것이다. 퇴직을 해서 정작 자유가 주어져도 자유를 누
리지 못하고 방황하는 이유다.

쇼생크 탈출

영화 〈쇼생크 탈출〉은 억울한 누명을 쓰고 종신형을 받은 주
인공 앤디에 대한 이야기이다. 그는 끝내 탈옥을 하여 그를 괴
롭혔던 교도소 소장에게 통쾌한 복수를 한다. 영화 속에는 40년
이상 복역을 하고 가석방 심사를 통과한 동료 죄수 이야기도 나
온다. 그는 평소에 가석방을 받아 교도소 밖으로 나가는 것을
두려워했다. 그런데 두려움은 현실이 되었다. 가석방을 받아 세
상에 나온 것이다. 그는 교도소에서 마련해 준 숙소에서 며칠을
보냈다. 불안에 하던 그는 그곳에서 자신의 이름을 새긴 후 목
을 매어 자살을 한다. 40년 동안의 교도소 생활이 그를 죽게 만

든 것이다. 모든 죄수가 그토록 갈망했던 자유를 찾았지만, 불안과 두려움에 생을 마감한 것이다.

퇴직하면 구속에서 벗어나 자유의 몸이 된다. 하지만 대부분 사람은 퇴직이 주는 자유를 누리지 못하고 또다시 회사를 그리워한다.

죄책감

인간을 이리저리 끌고 다니는데 죄책감보다 좋은 것도 없다. 쇠사슬도 채찍도 필요 없다. 스스로 알아서 잘 따라온다. 사람들에게 나타나지 않은 채 그들은 죄책감으로 세상을 움직이고 있다.

죄책감의 첫 단계는 죄에 관한 기준을 만드는 것이다. 그 기준을 국가나 사회가 만들면 법이 된다. 사람들이 법을 어기면 죗값을 받는 이유이다. 그런데 대부분 사람은 이 법을 어기면서도 그다지 죄책감을 가지지 않는다. 억울한 사람들이 가장 많은 곳이 교도소라는 말이 있다. 그만큼 죗값을 치르면서도 죄책감은커녕 억울하다고 생각하는 사람들이 많다는 것이다.

또 다른 하나는 신이 만들었다는 죄의 기준이다. 종교의 교리나 금기사항이 그것이다. 대부분의 죄책감은 종교를 믿는 신앙인들에게서 생긴다. 누가 지적하거나 지목하지 않았는데도 스스로 판단하고 자신을 자책한다.

종교에서 만든 대부분 금기사항이 인간의 욕망을 억제하는 것들이다. 자는 것, 먹는 것, 부자로 사는 것, 재물을 모으는 것, 즐기는 것 등이다. 대부분 종교가 인간의 욕망을 금기하다 보니 모두가 죄인이 된다. 종교에 나가게 되면 모두가 무릎을 꿇고 머리를 숙이는 이유이다.

특히 성에 관하여는 대부분 종교가 엄격한 기준을 적용한다. 여기에 걸리지 않을 사람이 없다. 모두가 성 앞에서 움츠리는 이유이다. 에덴동산의 선악과를 성적 탈선으로 해석하는 종교도 있다. 이 종교에 들어가면 평생 성적인 행복은 포기해야 한다. 일부 종교는 성적인 탈선을 살인죄보다 더 크게 여긴다. 인간이 누려야 할 성적인 행복을 반대로 살인죄보다 큰 죄악으로 여기는 것이다.

종교가 아닌 사회나 국가에서도 사람을 통제하기에 성만큼 좋은 것이 없다. 성에 관하여 이런저런 금기사항을 정하다 보면 걸려들지 않을 사람이 없기 때문이다. 아이러니하게도 성에 관하여 엄격하고 폐쇄적인 나라들이 대체로 못사는 후진국들이다. 독재자들이 즐겨 쓰는 수법이다. 반대로 성에 관하여 관대하고 개방적인 나라들이 잘살고 있는 선진국들이다.

우리나라가 선진국 문턱에서 갈수록 성에 관하여 엄격해지는 것은 안타까운 일이다. 감시하는 자와 감시당하는 자 중에 누가 더 힘들까. 당사자에게 물으면 둘 다 힘들다고 말할 것이다. 그렇다면 당사자에게 묻지 말고 그 기준을 정하는 사람에게 물어보라.

이제 죄의 기준을 만든 자들이 답해야 할 차례다. 도대체 누구를 위해 왜 그런 기준을 만들었는지 말이다. 성에 대하여 금기사항이 없는 독일이나 일본이 우리보다 성범죄가 적고 더 잘살고 있는지도 답해야 한다. 종교에서 정한 죄의 기준도 이제는 물어볼 때가 되지 않았을까.

모두가 돈이라고 말한다

나보다 먼저 퇴직을 한 사람들은 어떻게 살고 있을까. 드라마 〈미생〉에 나오는 것처럼 모두가 지옥 같은 삶을 살고 있을까.

국내 대기업 한 곳에서 퇴직자 300명을 대상으로 조사하였다. 퇴직 후 5년쯤 지나 국민연금을 받으면서 생활하는 사람들이 대상이었다. 그들에게 이 기간에 가장 힘들었던 점을 물었다.

모두가 퇴직을 하고 나면 돈이 가장 문제일 것으로 생각했다. 그런데 정작 그들을 만나보니 돈보다 다른 부분으로 더 힘들어했다. 그중 가장 많은 답을 준 순서대로 세 가지를 골라보았다.

첫 번째로 가장 힘든 것은 돈이 아니라 '할 일이 없다.'라는 것이었다. 그다음으로 '부부갈등'을 들었다. 돈 문제는 그다음 세 번째였다. '자존감', '상실', '외로움' 등에 이어 '건강'에 대한 문제는 뜻밖에도 순위 밖이었다.

할 일이 없다

퇴직자들을 가장 힘들게 했던 것은 아침에 일어나면 할 일이 없다는 것이었다. 누구나 퇴직 후 한두 달은 바빴다. 이것저것 정리할 것도 많았고 나름 가볼 곳도 많았다. 하지만 석 달이 지나면서 하루하루 할 일 없이 보낸다는 것이 점점 더 힘들다는 것을 알게 된다.

여가시간을 보내기 위해 여기저기 기웃거려 보지만 당장 눈에 들어오지는 않는다. 직장에 다닐 때는 시간이 없어 운동이나 취미 활동을 못했다. 정작 시간이 남아도니 썩 내키는 게 없다. 온종일 무엇을 하고 지낼까. 다른 이들은 하루하루 어떻게 지내고 있을까. 퇴직 생활이 길어질수록 점점 고민이 깊어진다.

국내 최고의 은퇴 전문가로 활동 중인 강창희 씨는 최근 그의 저서에서 '돈이 있어도 일이 없으면 고달프다.'라고 강조했다. 퇴직 이후 생활을 하는 많은 이를 만나 보니 대부분이 돈보다도 할 일이 없다는 것에 더 힘들어한다는 것이다. 할 일이 없다는 것은 연극무대에서 배역이 없는 것과 다름없다.

우리는 열심히 땀 흘려 일하면서 살아야 한다고 배웠다. 그누구도 일하지 않는 삶은 가르쳐 주지 않았다. 그러다 보니 일을 하지 않는 퇴직 후의 삶은 남아도는 삶 정도로 생각한다. 그냥 적당히 살다 가면 그만이라고 생각한다.

학교에 가서 배우는 이유도 좋은 직장에 들어가기 위해서였다. 퇴직 후 무엇을 하고 살 것인지는 배우지 못했다. 퇴직 후 할일이 없어 힘들어하는 것은 당연하다.

부부갈등

퇴직자들이 가장 당황스러워하는 부분이 퇴직 후에 겪는 부부갈등이다. 부부가 같이 있으면 사이가 더 좋아질 것으로 생각했는데 정반대이기 때문이다.

"그동안 일 때문에 아내와 변변한 여행 한번 가지 못했어요. 퇴직하고 시간이 많으니 이제 아내랑 같이 여행도 다니려고 해요. 취미활동도 같이하고 운동도 같이하려고 합니다."

이렇듯 대부분 퇴직자는 퇴직 후 아내와 같이 보내고 싶어 한다. 하지만 부부가 같이 있는 시간이 길어질수록 사이는 나빠진다. 여기에 돈을 벌지 못한다는 자격지심까지 더해지면 부부 사이는 급속히 악화한다.

퇴직 후에도 예전과 같은 부부관계를 유지하려면 부부가 같이 있는 시간을 가능한 한 줄여야 한다. 아무리 좋은 사람이라도 같이 있는 시간이 길다 보면 불편하기 마련이다.

대부분 아내는 남편이 출근한 후 퇴근하기까지의 일과 시간이 구조화되어 있다. 퇴직 후 남편의 출퇴근이 없다 보니 아내는 구조화된 일상이 일순간 깨져버린 것이다. 그 때문에 아내는 엄청난 스트레스를 받는다.

많은 퇴직 전문가는 노후건강을 염려하면서 부부 사이가 중요하다고 말한다. 그러면서 이혼이나 사별 후 혼자 사는 사람이 더 빨리 죽는다고 말한다. 그것은 아날로그 시절의 옛 이야기다. 지금이 어떤 시대인가.

사람은 적당히 감춰질 때 존경심이 있고 신비로움이 있다. 가까이 살다 보면 서로를 너무 잘 알게 된다. 좋은 점도 많지만, 그동안 미운 감정도 많이 있다.

아무리 좋은 사람도 30년 이상을 같이 살았다면 성인군자라도 그리움보다 지겨움이 클 것이다.

서울에서 부산까지 가장 빨리 가는 방법을 물었다. 비행기, KTX, 승용차 등 몇 가지 답이 나왔다. 정답은 '좋아하는 사람과 같이 가는 것'이었다. 좋아하지 않은 사람과 같이 간다면 지겹고 힘들게 느껴질 것이다.

"그리움이 없으면 가족이 아니다."

자, 이제 눈을 감고 가족 중에 그리운 사람을 떠올려보라. 아내가 그리운가. 자식이 그리운가. 나는 아내에게 그리운 존재인가. 아니면 귀찮은 존재인가. 퇴직 후 아내들에게 다음 중 어느 남편이 좋은지 물었다.

1. 가정일을 잘 돌봐주는 자상한 남자

2. 아내 곁에서 늘 사랑해 주는 남자

3. 돈을 잘 버는 남자

4. 집에 없는 남자

▲ **좋은 남편** (정답 4번)

가족과 같이 있는 시간은 소중하다. 그러나 의미 없는 시간은 피하는 게 좋다. 같이 있는 시간이 무작정 길면 소중함은 지겨움으로 바뀐다.

오래 보지 못한 가족은 명절 때 보자마자 서로 반가워한다. 하룻밤이 지나면 서로 불편하다. 행여 서로 다른 의견이나 해묵은 서운한 얘기가 나오다 보면 싸움판이 된다. 가족이라도 반가운 맘이 가시기 전에 빨리 헤어지는 게 상책이다.

돈

대부분 사람은 퇴직 후에 '돈'이 가장 큰 문제라고 생각한다. 그것은 우리가 살아온 환경 때문이다. 그동안 모든 삶을 돈 중심으로 살아왔기 때문이다.

퇴직 후에 당구장을 운영하면서 노후를 보내려고 가게를 보러 다녔다. 그런데 온 동네가 당구장뿐이다. 평소에 보이지 않던 당구장인데 "언제 이렇게 많이 생겼지?".

당구장이 새로 생긴 게 아니다. 당구장을 하려고 세상을 보니 온통 당구장으로만 보였던 것이다. 어떤 시각으로 보느냐에 따라 세상은 달리 보인다. 모두가 퇴직 후 문제를 돈이라고 생각하는 것도 같은 이치이다.

회사생활 30년 동안 매월 월급을 받으며 살아왔다. 그래서 일까. 매월 주는 월급은 생명줄처럼 인식되었다. 그런데 퇴직을 하는 순간 생명줄과도 같은 월급이 나오지 않는다. 퇴직 후 당장 문제가 돈으로 보일 수밖에 없다. 뉴스를 보아도 하나같이 노후대책을 돈으로 이야기한다. 여기에 자고 나면 국민연금, 기초연금 등 온통 돈 이야기다. 퇴직 후 문제를 모두 돈으로 보는 이유이다.

우리나라에서 맨 처음 퇴직문제를 다루었던 곳은 보험업계이다. 노후설계를 하다 보니 자연스럽게 퇴직문제를 연구하게 된 것이다. 당연히 돈을 중심으로 풀 수밖에 없다. 더욱이 여기에 종사했던 분들이 퇴직 전문가로 활동하면서 퇴직문제는 돈으로 집중되었다.

그분들의 이야기를 들으면 퇴직 후 인간답게 살려면 최소한 295만 원 정도는 있어야 한다고 주장한다. 주거비부터 외식비까지 항목별로 조목조목 정리를 해서 보여준다. 경조사 비용에 가끔 외식도 해야 한다. 여행도 다녀야 하고 손주들 용돈도 주어야 한다. 국외여행은 빼더라도 골프모임도 한 번씩 해야 한다. 나이가 들수록 아픈 곳은 늘어나고 믿을 건 돈밖에 없다고 한다.

하지만 퇴직 전문 유튜버 중에는 돈보다도 다른 곳에서 실마리를 찾는 이들도 있다. 한 달에 50만 원 남짓한 돈으로도 품격 있게 살 수 있다고 말한다. 이들의 이야기를 듣다 보면 돈은 큰 문제가 아닌 것 같다.

슬럼가 사람들	수행자들
· 세상은 부족	· 세상은 풍요
· 모든 게 불만	· 모든 게 감사
· 주변이 지저분	· 주변이 깨끗
· 온갖 잡동사니 가득	· 비움의 단조로움
· 흐트러진 복장	· 단정한 복장
· 물질 중심	· 가치 중심
· 모이기를 좋아함	· 혼자 있기를 좋아함
· 먹는 것에 집착	· 공부에 전념
· 복잡하고 불안	· 단순하고 안정

▲ 슬럼가 사람과 수행자의 차이

슬럼가에 사는 사람과 수도생활을 하는 사람을 비교해보자. 쓰는 돈은 슬럼가에 사는 이들이 수도하는 이들보다 더 쓴다. 이들은 무엇이 다를까. 슬럼가에 사는 사람은 늘 부족하다고 생각하며 지저분하게 살아간다. 수도하는 이들은 늘 감사하고 주변을 깨끗하게 정리하고 살아간다. 문제는 돈이 아니다. 삶을 대하는 태도이다.

퇴직을 연구하는 사람들

우리나라에서 퇴직문제를 연구하는 전문가들은 대부분이 금융업계 종사자들이다. 그러다 보니 퇴직 후 문제를 돈으로 보는 것은 당연하다. 만약 스님들이 퇴직문제를 연구한다면 이제 무거운 짐을 벗었으니 모든 집착을 버리고 유유자적하며 살라고 할 것이다. 인문학을 연구한 분이라면 이제 남은 시간 동안 내가 누구인지 생각하며 고전이나 인문학을 공부하라고 했을 것이다.

하지만 퇴직 후 문제는 퇴직 후 생활을 직접 경험해본 사람들이 가장 잘 알고 있을 것이다. 이제는 그들이 나서서 자신들의 경험을 바탕으로 연구해야 한다.

우리 사회는 퇴직자들에 대해 사회에 필요한 존재로 보기보다는 사회가 나서서 도와주어야 할 복지대상자로 생각한다. 단지 돈을 벌지 않는다는 이유로 퇴직자들을 복지대상자로 구분하는 것이다.

국내 유명대학을 나와 외국계 회사에서 임원으로 퇴직한 분의 기사가 화제가 되었다. 그분은 상가 경비로 취직하기 위해 경비지도사 자격을 준비하고 있다는 내용이었다. 더불어 대학교수로 퇴직한 분이 아파트 경비로 근무하고 있다는 기사도 함께 나왔다.

돈을 버는 일 중심으로 생각하다 보면 경비나 요양보호사 같은 자존감이 낮은 곳을 쳐다보게 된다. 직업에 귀천이 없다고 할 것이다. 하지만 이런 곳에서 몇 달만 근무해도 자존감이 무너지고 인생이 더 허무하게 된다.

이제 퇴직 후 삶에 대하여 새로운 변화가 조금씩 시작될 것이다. 돈 버는 일 중심에서 가치 있는 삶 위주로 퇴직 후 삶에 대한 패러다임을 전환해야 한다.

돈을 버는 일에서 벗어나면 퇴직 후 무대는 곳곳에 널려 있다.

절망에서 희망으로

　매월 통장에 들어오는 연금만으로도 돈 걱정은 없다. 부부 사이도 나쁘지 않다. 매일 운동도 하고 가끔은 여행도 다닌다. 이 정도면 누가 보아도 부러워하는 퇴직 이후의 생활이다.

　하지만 이러한 삶이라도 3년, 5년 지속하면 점점 무료해진다. 여기에다 나이가 들어가는 것에 대한 불안까지 더해진다. 3년 후, 5년 후를 생각하면 걱정부터 앞선다. 이때쯤이면 스마트폰 속의 손주들 사진을 더 자주 보게 된다. 손주들이 더 그리울수록 당신은 이미 늙어가고 있다는 증거이다.

　당신에게 희망과 꿈이 없기 때문이다. 희망이 없는 것은 무망이다. 절망보다도 더 나쁜 게 무망이다. 절망은 희망을 품고 있었으나 그것에서 멀어질 때 생긴다. 무망은 희망도 품어보지 못한 그야말로 무의미하게 하루하루 살아가는 삶이다.

항구에 닻을 내리고 항해를 포기한 배가 무슨 희망이 있겠는가. 배는 항구를 떠나 드넓은 바다를 항해할 때 가치를 발휘한다. 바다에 나갈 생각을 하지 않고 항구에 정박한 채 자리만 차지하고 있다면 없는 것만 못하다.

90세가 넘어서도 청년 이상으로 활기에 찬 생활을 하는 사람들이 있다. 반면에 60세도 안 되었는데 축 늘어져 노인처럼 삶을 사는 사람이 있다. 그것을 가르는 것이 바로 희망이다.

퇴직 후 대부분이 돈, 건강, 가족관계, 여가활동 등에 중점을 두고 생활을 한다. 정작 중요한 미래의 꿈과 희망은 생각하지 않는다. 마치 항구에 닻을 내리고 바다에 나갈 생각조차 하지 않는 배와 같다.

질문 대상자 300명 중에 퇴직 후 절실한 것이 희망과 꿈이라고 답한 사람은 거의 없었다. 하지만 돈이나 여행, 골프보다 더 중요한 게 희망과 꿈이다. 희망이 없으면 미래도 없기 때문이다. 더구나 희망과 꿈은 골프나 여행과 달리 돈이 없어도 누구나 가질 수 있다.

한국전을 승리로 이끈 맥아더 장군은 70세에 인천상륙작전을 지휘했다. 그가 집무실에 걸어놓고 즐겨 읽었던 시가 『청춘』이라는 시다. 사무엘 울만이 78세 때 쓴 시이다. 이때가 1918년인데 요즘으로 말하면 100세가 넘는 나이이다.

> "청춘은 때때로 이십 세의 청년보다
> 칠십 세의 노인에게 아름답게 존재한다.
> 단지 연령의 숫자로
> 늙었다고 말할 수 없다."
>
> 사무엘 울만(1840~1924)의 시 중에서

버킷리스트보다 희망(Wish)리스트를

언제부터인지 버킷리스트는 퇴직자들에게는 익숙한 단어가 되었다. 영화 〈버킷리스트(BUCKET LIST)〉에서 나온 용어인데 죽기 전에 꼭 하고 싶은 것들을 정리한 목록을 말한다. 버킷리스트를 생각할 때마다 죽음을 떠올리게 된다. 죽음이라는 단어는 결코 기분 좋은 용어는 아니다.

버킷리스트라는 말이 중세시대에 사형대에서 유래가 된 것을 안다면 더 기분이 좋을 리 없다. 당시 교수형을 집행할 때에 목에 밧줄을 감고 양동이를 차버렸다. 이때 '양동이 위에 서서 목줄을 맨 다음 양동이를 차버린다(kick the bucket).'라는 말에서 유래가 되었다고 한다.

유대인들은 어릴 적부터 돈을 쓰는 법을 가르친다. 평소에 하고 싶은 것들을 10가지 정도 수첩에 기록하는 것이다. 희망리스트(Wish List)가 그것이다. 부모들은 하고 싶은 것을 위해서 돈이 얼마가 필요한지를 의논한다. 부모가 줘야 하는지 아니면 스스로 벌어야 하는지 결정하는 것이다. 그러다 보니 자연스럽게 하고 싶은 소망을 위해 일을 하고 돈을 벌게 된다.

하지만 우리는 반대이다. 뭔가를 가지려고 소유하기 위해 돈을 모으고 일을 한다. 갖고 싶은 것, 하고 싶은 것에 대하여 생각하는 것조차 사치라고 생각했기 때문이다.

하고 싶은 것은 평소에 해보아야 한다. 그런데 대부분 지금의 퇴직 세대는 그럴 여유가 없었다. 시간이 없어서 혹은 일 때문에 하고 싶은 것을 해보지 못했다.

　퇴직하고 보니 남는 게 시간이다. 그러다 보니 새삼스럽게 죽기 전에나 해야 할 버킷리스트를 생각하게 되는 것이다.

　열심히 일한 후의 휴식은 달콤하다. 일하는 중간에 시간을 마련해서 하고 싶은 것을 해야 즐거움이 더한다. 남는 시간을 보내기 위해서 하고 싶은 것들만 찾아다니다 보면 즐거움은 지겨움으로 바뀔 것이다.

　퇴직 후에 더 나은 삶을 설계하는 것은 선택이 아닌 필수이다. 퇴직 이후 남은 시간을 여가쯤으로 가볍게 생각해서는 안 된다. 그동안 하지 못했던 것들을 기록하여 버킷리스트나 만들어 시간을 보낸다면 남은 인생은 서글픈 여정이 될 것이다.

　이제 버킷리스트가 아닌 희망리스트를 만들어 하루하루 의미 있고 희망이 넘치는 날이 될 수 있도록 해보자.

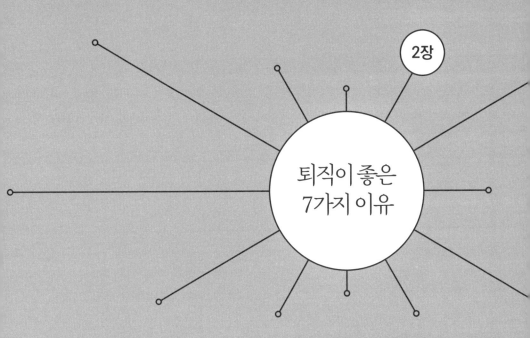

2장

퇴직이 좋은
7가지 이유

경쟁하지 않는다

드라마 〈오징어 게임〉이 전 세계적으로 인기를 끌었다. 무엇보다 매 순간 목숨을 건 긴장감 넘치는 게임 때문일 것이다. 그 게임을 보면 하나같이 너무 단순하고 쉬운 것들이다. 처음 '오징어 게임'에 참여자를 모집하는 단계부터 우리에게 너무도 익숙한 딱지치기 게임이 나온다. 모든 게임의 승부는 단 몇 초 혹은 몇 분 만에 즉석에서 갈린다.

게임 중에는 프랑스인들이 열광하는 게임이 있다. 바로 달고나 설탕 뽑기 게임이다. 사실 이 게임은 초등학교 때 문구점 앞에서 즐겼던 놀이 중의 하나다. 게임이라기보다는 놀이에 가깝다.

그런데 왜 수많은 사람이 이 단순하고 쉬운 '오징어 게임'에 열광할까. 그것은 우리에게 익숙한 게임과 경쟁을 주제로 선택했기 때문이다. 여기서 등장한 게임이 어렵거나 복잡했다면 결과는 달랐을 것이다.

대한민국 공무원을 뽑는데 '오징어 게임'으로 뽑으면 어떨까. 아마 반대할 국민은 없을 것이다. 내친김에 대기업 입사시험도 '오징어 게임'으로 바꾸어 보자. 서울대학교 입학시험도 '오징어 게임'으로 바꾸면 어떨까.

이제 어렴풋이 '오징어 게임'에 왜 모두가 열광했는지 이유를 알 수 있을 것 같다. 생존을 위해 힘들고 어려운 게임을 매 순간 해야 하는 사람들에게 위로를 주는 드라마이기 때문이다.

아파트 청약 당첨을 위해 이사도 여러 번 했다. 결혼하고 부모를 모시기도 했다. 이런저런 준비를 15년 이상 했어도 수십 대 일의 경쟁을 이겨야 한다. 연봉 2,800만 원, 9급 공무원에 들어가기 위해서 5년을 준비했는데 경쟁률이 수십 대 일이다.

구구단 정도의 초등 3학년 산수실력이면 대기업 직장생활이라도 거침없을 것이다. 그런데 사회에 나가서는 아무짝에도 쓸

모없는 수학을 위해 16년을 공부하고 나서야 경쟁을 치른다.

　지옥의 염라대왕이 만들었을 법한 시험 과목들에 우리의 자녀는 16년 동안 지옥을 경험하고 있다. 결국 '오징어 게임'은 어렵고 힘든 오늘의 경쟁사회구조에 대한 대중의 반란이다.

· 쉽고 단순하다.

· 단 한 명만 살아남는다.

· 게임의 법칙이 공정하다.

· 남녀노소 누구나 할 수 있다.

· 단 한 번에 결정된다.

· 승패를 스스로 알 수 있다.

· 게임 과정이 공개된다.

· 게임을 만든 사람도 참여한다.

▲ '오징어 게임'의 특징

첫째로 꼽은 이유

퇴직이 좋은 이유 중 첫 번째로 '경쟁하지 않는다.'로 들었다. 경쟁이 그만큼 우리의 삶을 힘들게 했기 때문이다. 경쟁을 찬양하는 이들도 있다. 경쟁 속에서 인간은 발전한다고 한다. 하지만 경쟁이 아닌 다른 방법도 얼마든지 있다.

경쟁은 반드시 상대가 있기 마련이다. 승자와 패자가 있으며 그 결과 등수가 정해진다. 승리자는 환호하지만 패자는 상처와 고통이 따른다.

경쟁하려면 반드시 경쟁하는 기준이 있어야 한다. 그 기준에 따라 승패가 좌우된다. 악어와 호랑이가 싸우면 누가 이길까. 그야 장소에 따라 다르다. 늪지에서 싸우면 악어가 이길 것이다. 반면에 밀림에서 싸우면 호랑이가 이길 것이다.

군대에서 선착순을 없앴던 이유도 이 때문이었다. 달리기 하나만 가지고 군인의 능력을 평가할 수는 없는 노릇이다. 만약 군가를 가지고 경쟁을 한다면 어떨까. 평가기준도 문제지만 점수를 매기는 사람은 음악 선생님 정도의 실력이 되어야 할 것이다. 상급자가 이런 수고를 할 이유가 없다. 단순 무식한 선착순이 최고였을 것이다.

더욱이 군대는 협동심과 전우애가 중요하다. 동료를 이기고 나만 살겠다고 전력질주를 해야 한다니 그 자체만으로도 모순이었던 것이다. 그만큼 평가기준은 중요한 것이다.

구분	선착순	군가
평가기준	도착 순서대로	목소리, 리듬, 박자, 가사, 발음 등
평가도구	호루라기	군가 평가표
평가자 자격	누구나 가능	음악 전문가
평가준비	준비 필요 없음	상당한 준비 필요
평가자 반응	불만족	만족

▲ '선착순'과 '군가'의 평가항목 비교

호랑이 같은 당신은 어쩌면 평생을 늪지에서 악어와 싸우다 지쳐 쓰러졌는지 모른다. 누가 늪지에 경기장을 만들었는지 모른 채 악어만을 보고 싸우다 쓰러진 것이다.

우리는 항상 경쟁 속에서 살아왔다. 그것도 공정하지 못한 경쟁 속에서 말이다. 그러다 보니 일상적으로 경쟁하는 것을 당연한 것으로 받아들이게 되었다.

사람들은 익숙함에 길들게 마련이다. 직장인들은 경쟁에 더 익숙하다. 특히 지금 퇴직을 한 5060 세대는 하루하루 치열한 경쟁 속에서 살아왔기 때문이다.

다스리기 쉽다

인간을 다스리는 가장 쉬운 방법이 경쟁이다. 경쟁이야말로 두려움, 불안, 죄책감과 함께 마음대로 끌고 다니기에 가장 좋은 수단이다.

경쟁은 반드시 경쟁의 주체가 있기 마련이다. 사람들은 대부분 경쟁의 주체보다는 경쟁의 상대를 의식한다. 그런데 경쟁의 주체는 대부분이 경쟁 대상보다 갑의 위치에 있다. 문제는 갑이 을을 상대로 경쟁을 시킨다는 것이다.

그들은 경쟁의 기준을 만들고 자신들이 원하는 자를 선택한다. 똑똑한 사람보다는 자신의 말을 잘 듣는 사람을 선택한다. 가진 자가 없는 자들을 상대로, 상급자가 하급자를 상대로, 어른이 아이를 상대로, 교사가 학생을 상대로, 기업은 사원들을 상대로, 대기업은 중소기업을 상대로 경쟁을 시키기 때문이다.

그럼에도 대부분 사람은 경쟁의 주체를 모른 채 경쟁의 상대만을 이기기 위해 안간힘을 쓴다. 경쟁은 유치원 때부터 시작된다. 좋은 유치원에 들어가기 위해서 밤새 줄을 서야 한다. 이후에도 입시경쟁, 승진경쟁, 입사경쟁, 아파트 청약경쟁 등 모든 삶이 경쟁이다. 당근과 채찍을 적절하게 사용하면서 원하는 대로 끌고 다닌다.

경쟁은 결핍과 부족의 심리를 부추긴다. 풍요롭고 넉넉하다면 굳이 경쟁할 필요가 없다. 이때에는 질서와 조화만 필요할 뿐이다.

서울대학교 정원이 10만 명이고 고교 졸업생이 5만 명이라면 굳이 입시 경쟁을 할 필요가 없다. 서울대에서 고등학교에 학생을 모시러 올 것이다. 그럼 공부를 하지 않을 것이라고 걱정할지 모른다. 그것은 달콤한 맛을 빼앗기기 싫은 기득권들의 주장일 뿐이다.

우리는 그 누군가 만들어 놓은 경쟁의 올가미 속에서 평생을 보내야 했다. 이제 퇴직하고서 겨우 경쟁에서 벗어난 것이다.

열등감

경쟁의 나쁜 점은 경쟁에서 탈락자가 느끼는 좌절감, 열등감이다. 일제 강점기 조선총독부는 조선인들에게 열등감을 심어주기 위해 갖은 방법을 동원했다. 그중 하나가 학교에서 학생들에게 등수를 매기는 것이다. 그전에는 향교나 서원에서 등수를 매기지 않았다.

때마침 대원군에 의해 전국의 서원이 불에 타고 없었다. 지역마다 있는 향교가 공립학교였다면 서원은 사립학교 역할을 하였다. 그런데 1,200여 개의 전국의 사립학교가 한순간 없어진 것이다. 이때다 싶어 일제는 전국 곳곳에 학교를 세웠다. 학교를 세운다니 얼마나 고마운 일인가. 하지만 그 속에서 가르치는 과목이 무엇인지 중요하게 보는 이는 아무도 없었다.

지금도 우리나라가 일제의 속국이라고 하는 이유가 여기에 있다. 소학교 때부터 뼛속까지 일제가 만든 과목을 배웠으니 말이다.

이제 학교에서는 동료 50명을 놓고 시험을 보아 등수를 매긴다. 1등을 뺀 나머지 49명은 패배자들이다. 1등은 적당히 상을 주고 어깨에 힘을 잔뜩 실어준다. 나머지 49명에게는 온갖 방법으로 열등감을 심어준다. 이때부터 어린 학생들은 경쟁의 구도를 만든 이들의 뜻대로 움직인다. 오직 친구들과 경쟁에서 등수를 올리기 위해 밤을 새워야 한다.

일제의 등수방식은 1988년 올림픽을 전후해 학교에서 자취를 감추었다. 돌아가신 이어령 선생님께서 교육부 장관으로 계실 때였다. 하지만 기득권층은 일제가 만들어 놓은 등수 방식의 달콤함을 잊지 못했다. 오늘 이 순간도 지옥의 등수 경쟁에 아이들이 시달리고 있는 이유이다.

차라리 '오징어 게임'에서처럼 경쟁방식을 택한다면 누가 불만을 품겠는가. '오징어 게임'에서 이겼다고 우월감을 가질 수 없다. 오히려 동료에게 미안할 뿐이다. 졌다고 열등감도 없다. 그저 운이 없었을 뿐이라고 생각한다.

우월감

열등감 못지않게 우리 사회를 지배하고 있는 것이 우월감이다. 여자들이 명품에 목을 매는 것은 남보다 돋보이려는 우월감 때문이다. 남자들이 좋은 차를 타고 싶어 하는 것도 같은 이치이다. 한국인들이 유독 골프에 빠져드는 이유도 여기에 있다.

우리나라 사람들이 유달리 강남지역의 비싼 아파트에 매달리는 것도 우월감을 벗어나지 못해서이다. 기업들은 우월감을 앞세워 마케팅 전략을 펼친다. 편의점에서 점심을 먹지만 그 돈을 아껴서 비싼 커피숍에서 인증사진을 찍어 SNS에 올리는 것도 같은 이치이다. 하지만 적당한 우월감은 생활의 활력소가 되기도 한다. 우리나라에 유독 별 다방이 많은 이유이다. 커피 한 잔을 마시면서도 그곳에 가면 활력이 생기고 의욕이 더해지는 것은 이상한 일이 아니다.

우리가 우월감을 벗어나지 못하면 평생 이리저리 끌려다니는 인생을 살아야 한다. 이제 퇴직을 하고 나면 열등감에서도 우월감에서도 벗어나 좀 더 자유롭고 아름다운 세상으로 들어갈 수 있다.

한국인의 이상한 행복

한국에서 22년 동안 기자로 근무한 독일의 저널리스트 안톤

슐츠가 책을 냈다. 책의 제목이 『한국인의 이상한 행복』이다. 그는 어린 시절 독일에서 태권도를 배우면서부터 한국에서 살고 싶어 했다고 한다.

그가 한국을 찾아 22년 동안 기자로 근무하면서 삶의 곳곳을 살펴보고 직접 체험하면서 틈틈이 기록한 글이다. 지금도 모국인 독일보다 한국을 더 좋아한다고 한다. 그가 22년을 살면서 지금도 이해가 가지 않은 것들을 담은 책이 바로 『한국인의 이상한 행복』이다.

그가 본 한국사회는 하나부터 열까지 모든 게 순위가 아닌 게 없었다. 학교성적, 대학들 순위, 기업의 순위, 아파트 순위까지 삶의 모든 게 순위였다. 그 속에서 더 높은 순위를 차지하기 위해 하루하루 살아가는 한국인들을 보면서 이해가 가지를 않아 이상한 행복으로 표현한 것이다.

사회 전체가 경쟁과 순위의 사슬로 엮인 한국을 보면서 그 속에서 적응해 살아가는 한국인들을 이해할 수가 없었던 것이다. 그가 책 제목을 『한국인의 이상한 행복』이라고 정한 이유이기도 하다.

그는 '최고가 되기 위해 최선을 다하여라.'라는 말을 자식들에게 아무렇지 않게 하는 한국의 교사나 부모들을 보고 큰 충격을 받았다고 한다. 독일에서는 악마들이나 쓰는 문장이라고 하였다. 자라나는 청소년들에게 '너는 악마가 되어라.'라고 하는 것이나 다름이 없는 말을 학교 급훈이나 가훈으로 쓰는 가정도 많이 있으니 말이다.

한국에서 12년을 근무한 영국의 기자 라파엘라시드도 같은 이야기를 한다. 그가 출간한 『우리가 보지 못한 대한민국』이라는 책에도 이와 비슷한 내용을 담았다. 더 좋은 성적, 더 좋은 대학, 더 좋은 차, 더 좋은 아파트, 더 좋은 직장에 가기 위해 치열한 경쟁 속에 살아가야 하는 한국인들의 일상을 외국인의 눈으로 엮어 책을 썼다.

그들은 한국이 잘사는 선진국이지만 왜 행복에서는 59위가 되었는지 그 이유를 우리에게 묻고 있다. 이제 우리가 그 답을 찾을 때이다.

경쟁심이 높은 나라 & 낮은 나라

화합, 배려, 협력, 양보 등의 단어는 얼마나 좋은 말인가. 경쟁과 반대되는 말이다. 그만큼 경쟁은 인간관계를 파괴한다. 특히 친구나 동료들끼리의 경쟁은 더욱 그렇다. 군대에서 선착순을 없애버린 이유를 다시 한 번 생각해보자.

그럼에도 대부분은 평생을 경쟁 속에서 살다 보니 경쟁을 하지 않고서 뭔가를 성취하면 허전하다. 대학도 경쟁하고서 들어가야 어깨가 으쓱하다. 아파트도 몇십 대 일 속에서 당첨되어야 그 집이 좋아 보인다. 경쟁하지 않고 모두가 다 승진을 하면 기분이 나지를 않는다.

우리가 모두 싸움 개처럼 경쟁에 길들어 있기 때문이다.

인간은 경쟁 없이도 얼마든지 성장하고 발전할 수 있다. 전쟁이 없이도 얼마든지 승리할 수 있다.

서울대학교 조영대 교수는 경쟁심이 높은 나라들은 대체로 후진국이라고 한다. 반대로 스웨덴, 덴마크, 핀란드 등 경쟁심이 낮은 나라들이 선진국이라고 한다. 우리나라가 지난 30년간 국민소득은 높아졌지만 삶은 더 힘들어진 이유를 생각해보자.

로마를 탄생시킨 로물루스와 레물루스 형제도 사비니족과의 전쟁에서 경쟁이 아닌 화합을 택하였다. 그들이 적과 함께 어깨를 나란히 하면서 외쳤던 구호는 '함께 가자.'였다. 경쟁이 아닌 화합이 위대한 로마의 시작이었다. 그들이 화합이 아닌 전쟁으로 로마를 시작했다면 오늘날 위대한 로마는 없었을 것이다.

경쟁은 결코 인간에게 도움이 되지 않는다. 퇴직이 더 좋은 첫 번째로 '경쟁하지 않는다.'로 정한 이유이다. 이제 퇴직을 하였으니 인간성을 말살하는 경쟁을 하지 않아도 된다.

구속에서 해방된다

퇴직하고 목줄에 매달린 명찰을 떼면 드디어 구속에서 풀려난다. 그동안 나를 지켜준 목줄이다. 하지만 한편으로 보면 나를 구속하는 목줄이기도 했다.

정해진 시간에 꼬박꼬박 출근해야 했다. 시키는 일은 밤을 새워서라도 해야 했다. 쉬고 싶어도 쉴 수도 없었다. 회사를 위해 온몸을 바쳐야 했다. 하루 24시간 중 잠자는 시간과 출퇴근 시간을 빼면 거의 모든 날을 회사를 위해 일해야 했다. 그야말로 청춘을 바친 것이다.

그동안 우리를 구속했던 보이지 않는 울타리는 철조망이 아니라 월급이었다. 월급을 받는 순간부터 위에서 시키는 대로 해야 한다. 그들의 충실한 머슴일 뿐이다.

이제 월급을 안 받으니 나를 구속했던 철조망도 사라졌다. 30년 구속에서 풀려난 것이다. 드디어 자유의 몸이 된 것이다. 하지만 조직생활에 길든 우리는 조직을 떠난다는 게 두렵고 불안하다.

사람은 태어나는 순간 가족의 보살핌을 받으며 출발한다. 이때부터 평생을 가족이라는 울타리 속에서 살다가 죽음을 맞이하게 된다.

우리는 평생 수많은 조직과 만난다. 학교, 직장이 대표적이다. 또한, 가고 싶지 않지만 어쩔 수 없이 가는 곳도 있다. 바로 군대, 종교, 병원, 교도소이다. 종교는 내 발로 스스로 찾아간다.

학교나 직장, 병원 등은 일정 기간 머무는 기간이 정해져 있다. 반면에 가족은 죽을 때까지 종신이다. 머무는 기간이 따로 없는 것이다. 가족이니까 평생을 한 몸으로 가야 한다고 생각한다. 가족을 등지고 속세를 떠나 출가를 하지 않는 이상 이 울타리를 벗어나기 힘들다.

조직 구분	목적	선택	기간
가정	자연의 이치, 안정	의무	종신
학교	배우기 위해, 성장	의무	졸업
직장	사명, 돈	의무	퇴직
군대	애국, 충성, 철이 듦	의무	전역
병원	부상치료, 질병치료	사고	퇴원
종교	죄, 구원, 소원성취	스스로	상시 가능
교도소	죗값을 치름	끌려서	석방

▲ 우리를 구속하는 조직

이 중 가지 말아야 할 곳은 병원과 교도소이다. 사실 어지간해서는 교도소에 갈 일은 없다. 하지만 병원은 우리 국민이 가장 즐겨 찾는 곳이 되었다. 무한보장 건강보험 때문이다.

그동안 낸 보험료를 생각하면 병원에 안 가는 게 손해가 든 느낌이다. 그래서일까. 1년에 150회 이상 병원진료를 받은 사람이 자그마치 18만 9천 명이나 된다. 이들은 이틀에 한 번꼴로 병원에 다니는 것이다. 그야말로 병원을 동네 편의점보다 더 자주 가는 사람들이다.

퇴직 후 병원에 가면 진료비는 거의 공짜 수준이다. 하지만 나이가 들수록 병원을 멀리해야 더 건강해진다. 현직 의사인 신우섭 원장은 '건강하려면 병원에 가지 말고 약을 버려라.'라고 『의사의 반란』이라는 책에서 이렇게 강조한다. '병원에 자주 가면 당신은 이미 환자이다. 사고를 당하거나 코로나 같은 전염병에는 병원에 가야 한다. 평소에 건강관리를 잘해서 병원을 멀리해야 한다.'라고 말이다.

살아가면서 굳이 안 가도 되지만 내가 스스로 선택하는 조직이 있다. 바로 종교이다. 그만큼 한번 들어가면 벗어나기도 힘들다.

혼자 사는 즐거움

대부분 사람은 퇴직 후 구속에서 벗어나는 기쁨을 누리지 못한다. 조직에서 혼자 떨어져 나왔다는 불안함과 외로움 때문이다. 여기에 고독사, 홀몸노인 등 사회적 이슈는 불안을 더 자극한다.

정치인 이익집단들이 언론과 힘을 합해 여론을 주도해 나간다. 덕분에 문을 닫아야만 하는 유치원을 대신해서 그 자리가 노치원 간판으로 바뀌었다. 이제 어린이 대신 노인들을 모아 놀이를 가르치며 먹고살게 되었다. 혼자 외롭게 사는 노인들을 모아 외롭지 않게 놀아주니 참 좋은 나라임은 틀림없다. 모두가 젊은이들이 땀 흘려 낸 세금으로 말이다.

우리는 평생을 누군가의 아들로, 누군가의 부모로, 누군가의 형제자매로 살았다. 결혼도 안 하고 독신이라 해도 최소한 학교에서 누군가의 선배 혹은 후배로 혹은 친구로 살았을 것이다. 회사에 다녔다면 누군가의 상사로 동료로 부하로 불리며 살았다. 그러다 보니 다른 사람에게 의존하면서 살아가는 것이 몸에 배었다. 그 속에서 정작 나 혼자만의 삶을 살아보지 못했다.

학교에서나 가정에서 그 누구도 혼자 사는 법을 가르쳐주지 않았다. 오히려 '인간은 사회적 동물'이라며 다른 사람과 더불어 살아가야 한다고 가르쳤다. 그 결과 혼자서는 아무것도 할 수 없는 어린아이와 같은 삶을 살아왔다. 모두가 혼자 사는 것이 두렵고 불안한 이유이다.

"인간의 불행은 고독할 줄 모르는 데서 온다." 영국의 정신

분석학자 앤서니 스토의 말이다. 그는 사람은 혼자 살면서 외로움과 고독을 뛰어넘어야 비로써 행복한 삶을 살 수 있다고 말한다.

퇴직 후 나와 외로움을 같이 할 친구가 필요하고 저녁 밥상을 차려줄 아내가 필요하다면 당신은 진정한 행복을 찾기 힘들다.

LA 타임스에서 25년째 기자로 일하고 있는 사라 밴 브레스낙의 이야기다. 그녀는 한 남자의 아내로, 두 아이의 엄마로, 회사의 사원으로 가정과 직장을 위해 열심히 살았다. 하지만 그 속에서 정작 그녀 자신의 삶은 없었다. 언제부터인가 소중하다고 생각했던 관계들이 오히려 그녀의 삶을 붙잡고 있음을 알게 되었다. 시간이 지날수록 가족보다도, 이웃보다, 회사보다 자신의 삶이 더 소중함을 알게 되었다. 그로부터 그녀는 새로운 삶을 살게 된다. 타인을 위한 삶이 아닌 그녀 자신만의 시간을 찾아 전혀 다른 삶을 찾아 나섰다. 그리고 혼자만의 시간을 갖고 살아간 그녀의 소소한 일상들을 모아 책으로 출간했다.

700만 명 이상이 읽은『혼자 사는 즐거움』이라는 책이다. "벼룩시장 구경하기, 나만의 소중한 공간 만들기, 몸에 대한 예의 갖추기" 등 79가지 일상을 정리해 소개하고 있다.

혼자 있는 시간의 소중함을 느끼고 나면 다른 사람과의 만남을 멀리하게 된다. 때로는 사랑하는 연인과 같이 있는 것보다도, 그리운 자식과 같이 있는 시간보다도 혼자 있는 시간이 더 소중하게 다가온다.

내가 퇴직 후 아내와 딸이 사는 집을 두고 아담한 공간을 마련하여 혼자 사는 이유이다. 나는 혼자 있는 시간이 너무도 좋다. 그 시간이 너무도 소중하여 감격스러울 때도 있다. 혼자서 음악을 듣거나 책을 읽을 때, 아침에 일어나 혼자서 산에 오를 때, 혼자만의 공간에서 커피를 마실 때 그 시간이 너무도 소중하고 행복하다.

이제 퇴직 후 외로움 따위는 걱정하지 마라. 혼자 사는 기쁨과 즐거움을 마음껏 누려보라. 혼자만의 공간에서 온 세상의 주인공이 되어보라.

자유가 있다

퇴직 후 가장 좋은 점은 자유로움이다. 행복의 3대 조건인 자유, 유능함, 관계 중에서 하나를 고르라면 단연 자유이다. 어딘가에 자유를 빼앗긴 채 구속당해 본 사람이라면 자유가 얼마나 소중한지 알 것이다.

'우리에게 자유가 아니면 죽음을 달라.'라는 외침처럼 자유는 죽음보다 더 소중한 것이다.

대부분 직장인은 너무 오랜 기간 자유를 통제당한 채 구속생활에 길들었다. 초등학교를 졸업하고 교복을 입는 순간부터 우리는 자유를 빼앗긴 채 살아야 했다. 학교를 졸업해도 취직하고 나면 회사라는 굴레에 갇히게 된다. 퇴직하고 나서야 구속에서 벗어나 자유를 찾을 수 있다. 그러다 보니 정작 퇴직하고 자유를 찾아도 제대로 누리지를 못한다. 오히려 자유를 두려워하기까지 한다. 40여 년을 쇼생크 교도소에 갇혀있다가 가석방으로 풀려났지만, 세상에 적응하지 못한 죄수처럼 말이다.

이처럼 대부분 사람은 자유를 외면하고 다시 자유가 없는 회사로 들어가고 싶어 한다. 오랜 기간 자유를 구속당한 채 길들었기 때문이다. 그럼에도 많은 사람이 퇴직 후 생활이 예상과는 다르게 행복하다고 느끼는 것은 자유로움 때문이다. 다만 자신이 회사의 굴레에서 벗어난 후 자유롭다는 사실을 느끼지 못할 뿐이다. 사람들은 자유로움을 단지 시간이 남아도는 것으로 생각한다. 그러면서 무료한 시간을 어떻게 보낼까를 고민한다.

이제 퇴직 후 하루하루 주어지는 시간에 대한 생각부터 바꾸어야 한다. 40년의 수고와 노력의 결과 나에게 주어지는 소중한 시간이라는 사실을 알아야 한다. 지금부터는 퇴직하고 난 후 주어지는 시간과 자유를 마음껏 누릴 수 있어야 한다.

멍에를 벗는다

퇴직 후 좋은 점 중 하나는 가장의 멍에를 벗는다는 것이다. 가장의 짐이 얼마나 무거운 것인지 직접 경험해보지 않으면 잘 모른다.

3년쯤 가장의 짐을 벗고 자유로운 생활을 해보면 다시는 짐을 지고 싶지 않을 것이다. 예상과 달리 퇴직 후 3년쯤 지나면 예전의 직장에 다시 가고 싶지 않다고 한다. 30년 이상 지고 왔던 가장의 짐이 너무 무거웠기 때문이다.

회사생활을 하는 동안 집 걱정, 애들 걱정, 아내 걱정, 처가 걱정까지 온통 걱정거리다. 가장의 자리가 그렇다. 그 무거운 짐을 나 혼자 평생을 지고 살아온 것이다.

그동안 수도 없이 회사를 나오고 싶었다. 하지만 자식들 뒷바라지에 아내를 생각하면서 꾹꾹 참고 정년퇴직을 했다. 이제 퇴직과 함께 힘겨운 가장의 짐도 내려놓아도 된다. 앞으로 명절날이 되면 세뱃돈부터 달라진다. 주는 것보다 받는 돈이 많아지기 때문이다. 가장의 어깨가 가벼워지는 것을 느끼게 된다.

퇴직할 때쯤이면 이미 내 집 마련도 오래전에 이루었고 자식교육은 다 마친 상태이다. 자식 결혼까지 마친 퇴직자도 많이 있다. 가족을 위해 힘들게 일하지 않아도 된다. 이제 가장으로서 어깨에 메고 다녀야 했던 멍에를 벗게 된 것이다. 그만큼 가장으로서 책임도 없어지는 것이다. 얼마나 홀가분한 일인가.

그런데도 대부분 퇴직자는 그것을 알지 못한다. 평생 멍에를 등지고 있어서인지 쉽게 내려놓지 못한다. 오히려 허전함에 또 다른 멍에를 찾으려고 한다.

지금 퇴직하는 5060 세대들은 어린 시절부터 나보다는 가족이 우선이었다. 부모님의 못 배운 한을 내가 대신 풀어드려야 했다. 부모님, 선생님 말씀 잘 듣는 착한 학생으로 자랐다. 선생님들은 몽둥이를 들고 아이들을 가르쳤다. 그 속에서 내 적성이나 의견은 생각도 못 했다. 요즘과 달리 그때는 인터넷이나 스마트폰이 없던 시절이다. 선생님의 말씀이 곧 법이고 진리였다.

학교를 졸업하고 직장생활을 하면서 겨우 혼자만의 생활을 하는가 싶었는데 결혼을 하게 되었다. 아이도 가졌다. 드디어 가장이 된 것이다. 이제 본격적으로 가족을 부양해야 하는 가장의 명에를 둘러맨 것이다. 그리고 평생을 가족을 위해 직장생활을 한 것이다. 그런데 40년 이상 명에를 지고 살다 보니 가족의 울타리를 벗어날 생각을 못한다.

가족의 울타리를 넘어

대부분 사람은 회사의 울타리를 벗어난 후 가족이라는 울타리에 갇혀버린다. 가족이라는 사슬이 얼마나 질긴지 죽어서도 풀지 못한다.

우리는 가족을 위해서 무슨 일이든 마다치 않는다. 가족을 위해서라면 부정도 하고, 가족을 위해 뇌물도 받는다. 가족을 위해 법을 위반하고 가족을 위해 부동산 투기도 한다. 남의 가족쯤이야 아랑곳없다. 내 가족만 잘살면 그만이다.

그동안 이웃과 사회를 위해 뇌물을 받았다는 사람은 단 한

명도 보지 못했다. 대통령이라는 사람까지도 가족을 위해 뒷돈을 챙겨 외국에 숨기는 모습을 보았다.

얼마 전 법조계의 지도층들이 의기투합해 50억 클럽을 만들어 화제가 되었다. 그들이 어려운 이웃을 위해 50억 뇌물을 받았다면 그들은 존경을 받았을 것이다.

들리는 말에 의하면 50억 클럽에 가입한 모두가 자식 놈들 결혼자금에 보태기 위해, 아파트를 장만하기 위해, 마누라에게 명품 가방에 물방울 다이아몬드 반지를 사주기 위해, 50억을 뇌물로 받았다고 한다. 그들 역시 가족의 울타리를 벗어나지 못한 것이다.

우리는 가족을 위해 학교에 가고 가족을 위해 직장에 다니고 가족을 위해 살다가 가족들의 슬픔 속에서 죽음을 맞이한다.

그러다 보니 가족 속에서 나의 존재는 항상 뒷전이다. 모든 삶이 가족을 위해서이다.

이제 퇴직을 하면 가족이라는 울타리에서 벗어나도 된다. 오랜 기간 가장으로서 의무를 다했으니 아내 걱정, 자식 걱정은 안 해도 된다. 언제든 가족을 떠나 출가를 해도 탓할 사람 아무도 없다. 불교에서는 자식과 아내를 두고 집을 떠나 출가를 해도 아무도 욕하지 않는다.

가족의 울타리를 벗어나야 진정한 나의 행복을 맛볼 수 있다. 가족의 사슬을 끊어야 풍요롭고 아름다운 세상이 보인다.

가장의 멍에를 벗고

영화 〈워낭소리〉는 시골에서 40년 동안 주인을 위해 묵묵히 일하다 죽은 황소에 관한 이야기이다. 퇴직자들을 대상으로 강의할 때면 영화의 주요장면을 모아 보여준다.

영화에서 가장 감동을 준 장면은 주인 할아버지가 40년 동안 어깨에 씌워진 멍에를 풀어 주는 장면이다. 아무리 무덤덤한 교육생이라도 이 장면에서는 눈물을 감추지 못한다. 평생을 가족을 위해 직장에서 일하다 쓸모가 다되어 내팽개쳐진 자신의 모습과 닮았기 때문이다.

퇴직을 하고 나면 평생 어깨에 걸친 멍에부터 벗어던지고 홀가분한 자신을 마음껏 느껴보자. 자식도 아내도 가족도 돌보지 않아도 된다.

고향에 거동이 불편하신 부모님께서 계신다면 그 지역 사회복지사에게 맡겨라. 퇴직하고 그동안 못다 한 효도 한답시고 늙은 부모 뒷바라지나 하고 있다면 천하에 불효하고 있는 것이다. 1년 내내 부모님 안 찾아가도 아무도 탓하지 않는다. 내가 잘살고 행복하게 살아가는 것이 최고의 효도이다.

행여 취직하지 못하거나 결혼하지 못해 걱정되는 자식이 있다고 해도 싹 잊어라. 최고의 자식교육은 자식들 눈치 보지 않고 혼자서 행복하고 당당하게 사는 것이다.

가장의 역할을 다 한 것을 축하해야 한다. 이제는 가장의 멍에를 벗어도 된다. 아내의 굴레에서도 벗어나라. 나이 들면 믿을 것은 아내밖에 없다고 떠들어대는 사람들의 말은 무시하라.

나이 들어 아내에게 병시중이나 기대하라는 말인가. 이야말로 아내의 인격을 무시하는 말이다. 나이가 들어서도 아내의 도움을 받지 않고도 멋지게 세상을 살아가야 한다. 가족의 도움을 받을 생각부터 버려라.

생활	목적
학교생활 16년	취직을 위해
직장생활 30년	가족을 위해 멍에를 지고
퇴직 후 생활 40년	나를 위해 멍에를 벗고

▲ 생활의 목적

싫은 사람은 안 봐도 된다

직장생활을 하다말고 사표를 쓴 사람들에게 이유를 물었다. 언뜻 생각하기에는 월급이 적어서 혹은 비전이 없어서 회사를 떠난 것으로 생각하기 쉽다.

하지만 사표를 쓴 이유 중 75%가 직원들 간의 갈등 때문이라고 답을 했다. 특정인이 보기 싫어서 혹은 그 사람과 매일 마주치는 것이 두려워 사표를 쓴다고 하였다. 보기 싫은 사람이 상관일 때 그 고통은 말할 수 없다. 듣기 싫은 잔소리도 매일 들어야 했다.

하루 이틀도 아니고 몇 년을 그래야 한다면 견디기 힘들다.

그 어렵다는 군대도 제대를 하면 그만이다. 학교에서는 싫은 사람일지라도 학년이 올라가거나 졸업을 하면 피할 수 있다. 하지만 직장에서는 사람을 잘못 만나면 퇴직을 할 때까지 피하기가 쉽지 않다.

이제 퇴직하면 내가 싫은 사람은 만나지 않아도 된다. 혹시 지나는 길에 만나도 아예 무시하고 그냥 지나쳐도 아무 문제가 없다.

눈칫밥 먹지 않아도 된다

회사생활에서 가장 힘든 것은 매 순간 주위 사람들의 눈치를 보아야 한다는 것이다. 흔히 눈칫밥을 먹게 되는 것이다. 30년 이상 눈칫밥에 길들이다 보니 퇴직을 하고서도 눈칫밥에 길든 표가 난다.

〈쇼생크 탈출〉을 보면 종신형으로 복역 중인 레드는 40년 만에 가석방으로 풀려난다. 슈퍼마켓에서 근무하면서 매번 매니저에게 화장실에 가도 되느냐고 물어본다. 교도소에서 오랜 기간 길들었기 때문이다. 매니저는 이제 더 이상 화장실에 가는 것은 물어보지 않아도 된다고 말한다.

　이제 퇴직하고 나면 눈칫밥을 안 먹어도 된다. 신입사원 때는 회사직원 모두의 눈치를 보아야 했다. 해가 더하여 승진하면 윗사람, 아랫사람, 동료 눈치까지 온종일 긴장의 끈을 놓을 수 없다. 행여 성질 고약한 상사라도 만나면 스트레스가 만만치 않다. 높은 자리에 승진해도 아랫사람 눈치를 보아야 한다. 이제 퇴직을 하고 나면 이 눈치 저 눈치 안 봐도 된다.

　칭찬은 고래도 춤추게 한다고 하지만 직장에서는 매일매일 지적을 당한다. 지적은 하는 사람이나 받는 사람 모두 나쁜 에너지를 받는다. 그나마 잘못했을 때 지적을 받으면 견딜 만하다. 그런데 상관이라는 이유만으로 잘해도 지적을 한다면 좌절감은 이루 말할 수 없다.

　행복의 3대 조건 중 하나가 유능함이다. 칭찬은 못 받을지언정 잘하고 있는데도 지적을 받으면 자괴감까지 든다. 이제 퇴직하고 나면 지적을 받을 일도 없다. 또 지적할 사람도 그럴 이유도 없다. 그냥 세상을 드라마를 보듯이 여유롭게 살아가면 그만이다. 이 얼마나 좋은 일인가.

욕망과 집착에서 벗어난다

이탈리아 폼페이 대지진으로 수많은 시민이 화산재에 파묻혀 죽었다. 유적지를 조사해보니 당시에 죽은 사람들 대부분이 부유한 귀족들이었다. 가난한 서민들은 거의 죽지 않았다.

왜 유독 부자들만 죽었을까. 그 이유가 나중에 밝혀졌다. 폼페이 화산이 폭발하기 며칠 전부터 이미 분화구에서 연기가 피어오르는 등 지진의 조짐이 보이기 시작했다. 이를 보고 대부분 시민은 멀리 대피를 했다. 그런데 집안에 온갖 귀중품과 재물이 많았던 귀족들은 그것을 누가 훔쳐갈까 봐 마지막까지 집을 떠나지 못하고 망설이다 화산재에 산채로 묻혀 죽었다.

　사람은 내가 에너지를 쏟은 만큼 집착을 하게 된다. 돈이든 열정이든 말이다. 비싼 차를 샀을 때를 생각해보자. 주차하는 것 하나까지 신경이 쓰인다. 값싼 중고차라면 그다지 신경이 쓰이지 않는다. 비싼 물건이나 애정을 가졌던 물건이라면 집착을 하게 된다. 평소 같이 지냈던 가족이라면 정이 든 만큼 집착을 더 하게 된다.

　부동산이나 귀금속 등 값이 나가는 재산을 채 정리하지 못하고 죽으면 쉽게 눈을 감지 못한다. 비싼 자동차, 대궐 같은 집, 금고에 넣어둔 금덩이, 아직도 피부가 곱고 예쁜 마누라, 천하를 호령했던 권력 등이 눈에 아른거려 쉽게 숨을 거두지 못한다.

　우리나라에 빌딩 귀신이나 아파트 귀신이 많은 것도 이 때문이다. 비싼 아파트에 집착을 버리지 못하고 이승에 발이 묶여서이다.

　퇴직 후에는 경제적 부담 때문이라도 물건을 사지 않게 된다. 자동차 하나도 유지비가 들어 처분해야 할 판이다. 재산을 모으는 것보다 하나둘 정리해 가야 한다. 굳이 법정스님의 가르침을 받지 않아도 소유를 덜 하게 된다.

법정스님이 젊은 시절 한 사찰에 머무를 때의 이야기다. 신도 한 분이 아끼던 난을 스님께 선물했다고 한다. 당시 시가로 2천만 원이 넘었으나 어지간한 승용차 한 대 값이나 되는 귀한 난이었다고 한다.

스님은 귀한 난을 자식처럼 잘 돌보고 있었다고 한다. 그런데 하루는 멀리 설법을 가는 바람에 하룻밤을 타지에서 자게 되었다. 그 바람에 난을 밖에 두고도 안으로 드리우지 못하게 되었다.

그날 저녁 유난히 추워 스님은 밤새 난 걱정에 밤잠을 설치게 되었다. "난 하나에 내가 끌려다니다니." 그 후 스님은 난을 치우게 되었고 『무소유』라는 책을 쓰게 되었다고 한다.

퇴직 후 생활하다 보면 자연스레 소유 위주의 삶에서 멀어지게 된다. 자동차도 소형차로 바꾸거나 아파트 평수를 줄이기도 한다. 자연스럽게 간소한 삶으로 바뀌게 된다. 그만큼 집착도 사라진다.

300억 부자의 고민

10억을 가지면 10가지 고민, 100억을 가지면 100가지 고민이 있다고 한다. 가진 만큼 걱정도 고민도 더해지는 것이다.

아는 지인 중에 부산 시내 중심지에 300억대 빌딩을 소유하고 있는 분이 있다. 모두가 부러워하는 돈 걱정 없는 부자이다. 그런데 요즘 그분을 만나다 보니 나 같은 평범한 사람을 부러워했다.

무엇보다 세입자 관리가 보통이 아니라고 했다. 관리실이 따로 있지만 수십 명의 세입자를 관리하면서 받는 스트레스가 이만저만이 아니라고 했다. 해마다 법적 분쟁이 끊이질 않는다고 한다. 지금도 법적 소송만 두 건이나 진행 중이라고 했다. 또 자기도 모르게 불법개축을 하는 바람에 벌금을 맞아 전과자가 되었다고 한다.

성장한 아이들이 둘이 있는데 아들은 직장에 취직하기보다는 건물을 믿고 있는 눈치라면서 걱정했다. 이대로 자식에게 재산을 물려주자니 오래 지키지 못할 것 같다는 것이다. 이래저래 걱정을 토로했다. 그분의 얘기를 들으니 소박한 아파트 한 채뿐인 내가 더 나아 보였다.

욕망과 집착은 경쟁과 마찬가지로 부족의 심리에서 오는 경우가 많다. 우리는 경쟁에 내몰리며 부족한 세상에서 살아야 했

다. 하지만 퇴직 후에 맞이하는 세상은 풍요롭다. 너무나 평화
롭고 아름다운 세상이다.

내 것이라고 욕심내지 않아도 될 만큼 넉넉하다. 내가 가지
고 있으면 관리하는 데 얼마나 힘이 드는가. 죽을 때 가지고 갈
수도 없는 노릇이다.

목포에 가면 화폐 박물관이나 우표 박물관 등 특별한 박물관
이 많이 있다. 모두가 개인이 평생을 수집한 것을 기증받은 것
이다. 목숨보다 소중한 수집품들은 누구에게 팔지도 자식에게
넘겨주지도 못하고 기증을 결정한 것이다.

그들 중에는 그곳에서 가이드 일로 자원봉사를 하는 이도 있
었다. 그들을 만나보니 '기증을 하고 나니 너무도 홀가분하다.'
라고 했다.

이제 퇴직 후 여유로운 삶을 살다 보면 욕망과 집착에서 벗
어나게 된다. 퇴직이 주는 고마운 선물이다.

퇴직 후 살기 좋은 나라

두메산골에 살았던 우리 집은 중학교에 다닐 때까지도 전기가 들어오지 않았다. 덕분에 호롱불 밑에서 살아야 했다. 드디어 이곳 산골에도 전기가 들어왔다. 대낮처럼 밝은 전깃불은 바람에도 꺼지지 않고 호롱불과는 비교도 되지 않았다. 호롱불을 경험하지 못한 사람들은 전깃불의 소중함을 잘 모른다.

한국에서만 살다 보면 우리가 누리고 있는 평범한 일상들에 대하여 소중함을 잘 모른다. 외국에서 한두 달만 살아보면 우리나라가 얼마나 살기 좋은 나라인지 알 수가 있다. 한국에 오랫동안 사는 외국인들은 한국이 얼마나 좋은 나라인지 계속 한국에서 살고 싶어 한다. 정작 우리는 좋은 것을 느끼지 못한다.

더욱이 평생을 직장생활에 시달리다 보니 우리 사회를 둘러볼 시간도 없었다. 이제 퇴직을 하고 나면 시간도 넉넉하니 이 좋은 나라에서 마음껏 누려보자.

10년을 살아본 외국인들이 말한다

한국에서 10년 정도 살아본 외국인들은 하나같이 놀라워한다. 자신들의 나라와 비교해 좋은 것들이 너무 많기 때문이다. 유튜브나 케이블 방송에서도 한국을 처음 겪어보는 외국인들의 놀라운 반응을 종종 보게 된다. 이들이 한국에서 살아보고 놀라는 것들을 정리해 보았다.

첫 번째로 꼽는 것은 한국인들의 친절함이다. 특히 공항이나 공공기관 식당은 물론 경찰까지도 친절한 것에 놀라워한다. 길거리에 다니는 사람들 아무나 붙잡고 물어도 화를 내지 않고 친절하게 대해주는 것에 더욱 놀란다.

그다음으로 우리나라 어디를 가도 안전하다는 것이다. 특히 야심한 밤에 혼자 다녀도 아무 걱정이 없다는 것에 놀란다. 외국에는 도시일지라도 밤 8시 이후에는 외출하기를 꺼린다. 그런데 한밤중에 공원에서 산책하거나 등산을 해도 아무 일이 없으니 말이다.

세 번째는 도시철도와 시내버스 같은 대중교통이다. 무엇보다 저렴한 요금에다 환승 시스템에 놀란다. 특히 도착시각까지 실시간으로 알려주는 서비스는 선진국 어느 나라에서도 볼 수가 없다.

네 번째는 공공화장실이다. 지하철, 관광지, 공원, 휴게소 등 어디에서나 불편 없이 이용할 수 있다. 잔잔한 클래식 음악이 흐르고 자동조명에 향기까지 나온다. 어지간한 호텔 뺨치는 수준이다.

다섯 번째는 지하철이나 버스에서까지 터지는 무료 와이파이이다. 공원이나 공공시설, 커피숍이나 상가 등 어지간한 곳이면 와이파이가 다 되는 것에 놀란다. 두메산골까지 휴대폰 통화가 되는 것도 외국인들에게는 놀라운 일이다.

그다음은 의료서비스이다. 편의점에 가는 만큼이나 병원을 이용하기가 쉽다. 게다가 병원비는 1/10도 채 안 된다. 직원들은 카페보다 더 친절하다. 진료비는 3,000원이다. 그나마 어르신들은 1,000원밖에 안 된다.

다음으로 외국인들은 무엇보다 한국인들의 높은 시민의식에 놀란다. 카페나 지하철 의자에 노트북이나 지갑을 놓아두어도 아무도 손대지 않는다. 택배를 문 앞에 두고 가도 아무도 쳐다보지 않는다. 외국에서는 상상도 할 수 없는 한국인들만의 높은 의식 수준이다.

일곱 번째로는 한글의 위대함이다. 스마트폰을 한 손에 들고 거의 손가락이 보이지 않을 정도로 문자를 주고받는 것을 보고 한글의 편리함에 눈을 떼지 못한다.

그 밖에도 전국 어디든 하루 만에 배달되는 배달 서비스와 한두 시간이면 바다에 갈 수 있다. 봄, 여름, 가을, 겨울의 뚜렷한 사계절이 있고, 전국 어느 도시에서든 쉽게 걸어서 등산할 수 있으며, 24시간 언제든 먹을 수 있는 식당에 푸짐한 먹거리 등에도 놀라움을 금치 못한다.

우리가 일상적으로 누리는 것들이 선진국에서마저 누리지 못하는 것들이 많다. 퇴직하고 나면 이 모든 것들을 마음껏 누릴 수 있다.

퇴직자를 위한 나라

광주광역시를 지나다 보면 나지막한 산자락에 빛고을 골프장이 자리하고 있다. 9홀이지만 시내에 자리하고 있어 예약이 힘든 곳이다.

그곳 골프장 클럽하우스 자리에 그림 같이 아름다운 건물들이 보인다. 유명 관광지에서나 볼만한 건물들이다.

그곳은 아무나 들어갈 수 없다. 골프장을 방문한 손님도 들어갈 수 없다. 여기에는 광주광역시에 거주하는 60세 이상 어른들만 출입할 수 있다. 바로 '빛고을 노인 건강타운'이다.

웬만한 호텔급 수준의 시설을 갖추고 있다. 조깅트랙, 게이트볼장, 목욕탕, 수영장, 당구장, 헬스장, 탁구장, 노래방, 서예실, 어학실, 도서관 등의 종합레저시설을 갖추고 있다. 여기에 식당, 미장원까지 편의시설을 다 갖추고 있다.

그뿐인가, 어지간한 대학교 수준의 교육장에 다양한 교육프로그램도 갖추고 있다. 그야말로 종합리조트에 대학캠퍼스를 합쳐놓은 고급 사회복지시설이다.

더 놀라운 것은 이용료이다. 시중에서 정식집 수준의 식사비가 2,000원이다. 목욕탕도 2,000원, 탁구장 당구장은 1,000원이다. 수영장은 하루 이용료가 3,000원, 헬스장은 월 10,000원이다.

이런 시설이 광주에만 있는 것이 아니다. 전국지자체를 다니다 보면 그 지역에 가장 아름답게 잘 지어진 건물을 보면 여지없이 노인복지시설이다. 지자체 장들이 무엇보다 그 지역 어르신들 시설부터 챙기고 있기 때문이다.

시설뿐만이 아니다. 퇴직하고 나면 어른으로서 누릴 수 있는 다양한 혜택들이 많이 있다.

하루에 10달러를 주는 나라

퇴직 전문가들은 한 달에 295만 원은 있어야 사람답게 산다고 주장한다. 틀린 말은 아니다. 그분들이 만든 예상 지출 항목을 보니 경조사비부터 손주 용돈까지 꼼꼼하게 계획을 세웠다. 하지만 퇴직을 하고 나면 경조사비 같은 거 안 챙겨도 된다. 친구 부모님들도 이미 다 돌아가시고 없기 때문이다.

그러자 이번에는 손주들 용돈을 안 주면 할아버지 소리 듣기도 힘들다고 말한다. 그럴듯한 소리다. 나는 그런 손주들이라면 아예 호적에서 정리하라고 한다. 할아버지 소리 안 듣고 살면 어떤가.

전 세계 인구 77억 중 하루에 10달러, 한 달에 35만 원 정도를 쓸 수 있는 인구는 10%인 약 8억 명밖에 안 된다고 한다. 그런 돈을 우리나라는 65세가 되면 그냥 준다. 그것도 누구에게나 조건 없이 매달 25일에 통장에 넣어준다. 내가 박근혜 대통령에게 투표했던 이유이기도 하다. 당시 상대 당은 사회주의 막 퍼주기식 포퓰리즘이라고 기를 쓰고 반대했다.

35만 원이 푼돈이라고 생각할 수 있다. 하지만 지자체마다 있는 노인복지타운에 가면 한 달 내내 마음껏 먹고 쓸 수 있는 돈이다. 얼마나 좋은 나라인가. 여기에 지하철이나 버스비는 무료이다. 기차는 30% 할인이다. 어지간한 산이든 바다이든 돈 한 푼 안 들이고 한 시간 이내에 갈 수가 있다. 바로 우리가 살고 있는 대한민국이다.

주식이 싼 나라

매일 지나치는 주유소 기름값을 보면서 물가에 불안해한다. 하지만 언제 한번 쌀값 때문에 걱정한 적이 있는가. 우리가 먹는 주식은 쌀이다. 그런데 쌀 가격을 보면 다른 물가에 비해 저렴하다. 밥맛 좋기로 소문난 해남, 김제, 이천 쌀값이 10kg에 3만 원 정도이다. 성인 한 명이 한 달 동안 먹을 수 있는 양이다.

쌀값이 이렇게 싸고 안정된 이유는 수입하지 않아도 자급자족할 수 있기 때문이다. 그동안 수많은 사람의 희생 덕분이다. 쌀을 식량 안보로 생각하고 쌀농사를 목숨 이상으로 지켜왔기 때문이다.

필리핀은 한때 우리나라보다 잘사는 나라였다. 쌀농사를 짓는 것보다 쌀을 수입하는 게 훨씬 나았다. 많은 농민이 쌀농사를 포기하고 다른 일을 했다. 농사짓는 것보다 수입이 좋았기 때문이다.

농지는 헐값이 되었다. 이때다 싶어 돈을 가진 자들이 이 땅을 싸게 사들였다. 부자들에게 넘어간 땅은 그대로 잡초만 무성한 채 방치되었다. 그런데 갑자기 국제 쌀값이 4~5배가 뛰었다. 필리핀 온 나라가 난리가 났다.

농민들은 농사지을 토지가 없다. 예전에 팔아버린 농지는 이미 수십 배 이상 폭등해 버렸기 때문이다. 가난한 필리핀의 농지가 우리나라보다 훨씬 비싼 이유이다.

우리나라는 쌀을 식량안보로 정하고 농민단체나 정부가 힘을 모아 지키고 있다. 이들 덕분에 오늘도 우리는 식량 걱정은 안 해도 된다. 세계 어느 나라보다도 주식을 싸게 살 수 있다.

새로운 세상이 기다린다

고생은 끝났다. 해방이다. 이제 교도소 같은 직장에서 풀려난 것이다. 사람들은 세상에 나가면 지옥이라고 겁을 주었다. 자신들만의 세계에 여러분이 들어오는 게 싫은 것이다. 지옥이 아니라 천국이라는 것이 들통 나기 때문일 것이다.

퇴직하면 세상이 두 팔을 벌려 당신을 기다린다. 수고한 당신을 위해 모든 것을 준비해 두었다. 세상은 아름답고 할 일도 많다. 갈 곳이 너무 많지만 우선 가까운 곳부터 가보자.

우선 근처에 읍내를 찾아 5일장부터 가보라. 지역마다 날짜를 달리하여 5일마다 장날이 선다. 고향 주변 5일장에 가면 더 좋다. 물건을 구경하고 사는 것뿐만 아니라 하루 종일 여유롭게 시장을 두루두루 살펴보자.

하버드 대학교에서 마케팅을 연구하는 박사들이 한국의 5일 장을 연구했다. 소비자와 공급자가 중간거래상 없이 직접 만나는 세계 최초의 플랫폼 시장이기 때문이다. 일주일이 아니라 왜 5일마다 열리는지, 약제시장, 축산시장, 옹기시장 등 지역마다 특색 있는 5일장도 분석을 했다.

마케팅 전문가들도 감탄한 5일장을 몇 군데 다니다 보면 많은 새로운 세상과 만나게 된다. 그동안 잊고 살았던 고향의 정과 맛도 느낄 수 있다. 일주일에 한 군데 정도를 찾아 시장탐방을 몇 번 하다 보면 대학원에서보다 훨씬 더 많은 것을 배운다.

다음으로 혼자만의 기차여행이다. 이때 KTX는 절대 타지 마라. 우리가 지난 30년 끌려다니고 있는 것 중에는 고속철도 한 몫을 했기 때문이다. 기차가 빠르면 좋을 것 같지만, 기차여행의 맛은 하나도 느끼지 못한다. 최초로 고속철을 도입했던 독일이나 프랑스가 고속철 노선을 늘이지 않고 줄이는 이유이다. 철도 길이가 가장 긴 미국이나 철도의 원조국가인 영국에 고속철이 없는 이유가 무엇이겠는가.

고속철의 틈새에서도 아직 무궁화호나 새마을호를 탈 수가 있다. 서울역이나 부산역, 대전역, 광주역, 대구역 등 어디서도 무궁화호를 탈 수 있다. 동해안이나 강원도 산간지역은 다행히 고속철을 건설하지 못해 예전의 기차를 탈 수 있다. 정동진, 동해, 영덕, 울진 등 예전의 역사가 그대로 있다. 그곳에 가면 동해안의 경치를 즐기며 천천히 달리는 여유로운 기차의 멋을 경험할 수 있다.

기차여행이 좋은 것은 나 자신의 존재를 오롯이 느낄 수 있기 때문이다. 중간역마다 승객이 바뀌는 것도 새로운 느낌이다. 몇 번 여행을 가다 보면 설렘을 주는 인연도 다가온다.

지인 중에 정리철학을 강의하는 교수가 있다. 정리를 단순한 공간의 정리가 아니라 철학적으로 엮어 강의하는 분이다. 내가 여자문제로 상처를 받고 있을 때 도움을 준 분이다. 그분은 50세가 넘어 남자끼리 모임은 에너지가 없다며 항상 남녀가 조화를 이루어야 한다고 강조한다. 나이가 들어서 남자끼리 어디든 다닐 바에는 차라리 혼자 다니는 게 좋다는 게 그분의 철학이다. 이제부터 남자끼리 여행을 가려면 차라리 혼자 떠나라.

혼자 기차 여행을 하다 보면 내 옆자리에 설렘을 주는 인연을 기대할 수도 있다. 설렘과 기대는 순간순간 삶의 의욕과 희망을 주기 때문이다.

5일장과 기차여행만 다녀와도 세상이 얼마나 풍요롭고 넉넉한지 보고 느낄 수 있다. 우리가 그동안 직장이라는 철조망에 얼마나 구속이 되어 있었는지 느낄 수 있다.

퇴직 후 전국노래자랑 녹화장만 따라다니는 분도 있다. 그분은 그곳에서 새로운 세상과 만난다고 하였다. 5060세대들이 트로트 가수에 열광하면서 관광버스를 전세해 응원에 나서는 이유이기도 하다.

세상은 넓고 풍요롭다. 둘러볼 곳도 많고 경험할 곳도 많다. 가는 곳, 보는 곳마다 모두가 새로운 세상이다.

세상은 점점 살기 좋아지고 있다

불과 70년 전만 하더라도 세계는 약육강식의 세상이었다. 전쟁이 끊이지 않았다. 2차 대전이 끝나고 UN이 생긴 후 세계는 조금씩 평화를 찾게 되었다.

그 당시 우리나라는 전쟁의 잿더미에 하루하루 먹고살기도 힘들었다. 지금은 그 잿더미 위에 고급 자동차가 가득하다. 빌딩은 하늘을 찌르고 호텔보다 더 좋은 아파트가 즐비하다. 007 영화에서나 보았던 마법 같은 스마트폰은 유치원생들까지 들고 다닌다.

사회학자들은 지난 100년 동안의 변화가 앞으로 10년 안에 일어난다고 한다. 세상은 항상 더 좋은 방향으로 발전한다. 가끔은 예전에 살기가 더 좋았다고 말하는 사람들도 있다. 하지만 예전에 비하면 얼마나 살기가 좋아졌는지 모른다.

이제 해가 더해질수록 세상은 놀랍도록 발전할 것이다. 65세 이상이면 누구나 대륙을 거쳐 유럽까지 기차로 한 달 동안 무료여행을 할 수 있는 유레일패스가 지급될 것이다. 부산에서 기차를 타면 평양 신의주를 거쳐 시베리아를 횡단하여 파리 스위스까지 여행을 즐길 수 있을 것이다.

이제 먹고 살 걱정 안 해도 될 만큼 세상은 여유로워질 것이다. 경쟁은 사라지고 화합과 배려, 균형의 시대가 올 것이다. 우리가 왜 태어났는지, 인간이 죽으면 어디로 가는지 과학적으로 이해되는 시대가 곧 올 것이다. 죽으면 신이 심판할 것인지 아니면 더 높은 차원계로 가서 다시 새로운 삶을 사는 것인지 밝혀질 것이다.

살을 에는 듯한 추위도 봄이 오면 사르르 녹는다. 얼어붙었던 땅이 녹고 봄볕에 새싹이 돋을 것이다. 이제 세상의 봄이 오고 있다.

세상에는 사람이 하는 일과 자연이 하는 일이 있다. 성현들이 주역이나 명리학을 공부했던 이유도 자연의 이치를 알고자 해서였다. 이제 퇴직을 하고 나면 내가 할 수 있는 일은 거의 없다. 그냥 자연이 하는 대로 따라가 보자. 자연의 순리에 따르다 보면 그동안 보지 못했던 세상이 보인다. 세상은 너무도 아름답고 풍요롭다는 것을 알게 될 것이다.

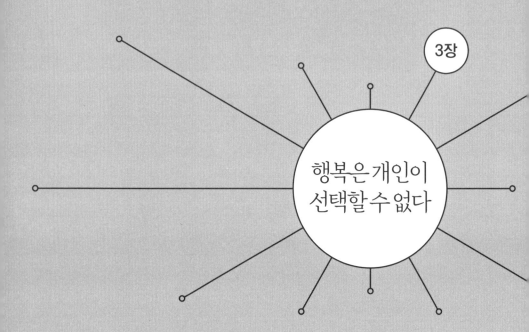

3장

행복은 개인이
선택할 수 없다

행복은 누가 결정할까

퇴직하고 나면 어떻게 살아갈까. 이것저것 생각할수록 걱정만 앞선다. 퇴직 전문가들의 말을 들으면 모두가 맞는 말이다. 그런데 머리가 더 복잡해진다.

그동안 가족을 위해, 회사를 위해, 국가 산업발전을 위해 흘린 땀만큼 퇴직 후 삶은 더 행복해야 한다. 하지만 행복을 판단하는 기준을 보면 우리가 선택할 수 있는 것은 단 하나도 없다.

생사를 가르는 전쟁의 복판에 있는 우크라이나와 러시아 국민이 행복할 리 없다. 푸틴이라는 지도자와 국제적인 정세가 얽혀 전쟁을 피할 수 없었다. 한 때는 잘살았던 필리핀, 아르헨티나 역시 같은 처지이다. 이들 국민이 나서서 할 일은 거의 없다. 망망대해에서 선장이 판단을 잘못하면 배는 엉뚱한 곳으로 가게 된다. 선원들이 해야 할 일은 안 하고 술만 먹고 딴짓을 해도 배는 기울게 된다.

우리는 다행히 '대한민국호'라는 배에 타 있다. 저 멀리 보니 '부탄'이라는 통통배가 보인다. 한때 세계 최고의 배로 선정되었던 배이다. 한쪽을 보니 한때 화려했던 'JAPAN'이라는 이름의 배가 엔진고장으로 표류하고 있는 게 보인다.

'우크라이나' 배는 러시아의 공격을 받아 선장이나 선원은 물론 승객들까지 나서 온몸으로 버티고 있다.

배에 탄 승객들이 할 수 있는 일은 거의 없다. 행복은 개인이 선택할 수 없는 이유이다. 회사생활을 30년 이상 하다 보면 세상에 나와 할 수 있는 일은 거의 없다. 아무 걱정 안 해도 된다. 아름답고 풍요로운 세상에서 그냥 물 흐르듯 여유롭게 살면 된다.

행복은 개인이 선택할 수 없다

자원이 풍부하고 돈이 많으면 온 국민이 행복할까.

세계에서 가장 많은 석유매장량을 가지고 있지만, 국민은 세계에서 가장 불행한 나라가 있다. 아름다운 카리브 해를 끼고 있는 나라, 베네수엘라이다.

베네수엘라는 한때 사우디아라비아를 제치고 세계 1위의 산유국이었다. 우리에게는 미인의 나라로 잘 알려진 곳이다. 여기에다가 아름다운 카리브 해 해안을 가장 많이 품고 있는 해양국가이기도 하다. 그뿐인가, 세계에서 세 번째로 큰 오리노코 강이 국토를 가로지르고 있다. 또한, 세계에서 가장 높은 979m의 높이의 아름다운 앙헬 폭포가 있는 나라이다.

풍부한 석유자원 덕에 베네수엘라는 1950년대에 미국에 이어 세계에서 4번째로 잘사는 나라였다. 그런데 문제는 풍부한 석유자원으로부터 시작되었다.

1972년 오일파동 여파로 석윳값이 6배나 올랐다. 덕분에 베네수엘라에는 돈이 넘쳐났다. 이 돈으로 높은 빌딩을 짓고 고속도로를 건설했다. 국민은 넘치는 복지정책에 마음껏 풍요로움을 누렸다.

하지만 문제가 생겼다. 80년대 들어 갑자기 석윳값이 떨어진 것이다. 나라 경제는 하루아침에 적자로 돌아섰다. 급기야 1989년 정부는 국가부도를 선언하고 IMF 구제 금융을 받게 된다.

그동안 무상이었던 공공요금을 올리고 복지혜택은 줄였다. 그러자 국민의 불만은 극에 달했다. 이런 혼란을 틈타 1992년 육군 중령의 차베스가 주동하여 군부 쿠데타가 일어난다. 이때를 발판으로 삼아 7년 뒤 1999년 차베스는 대통령이 된다.

때마침 중국의 경제성장으로 석윳값이 갑자기 폭등했다. 이번에는 오일쇼크 때보다 돈이 더 넘쳐났다. 차베스 정권은 그동안 주지 못한 복지정책을 다시 폈다. 공공요금도 무상으로 돌렸다. 공무원 월급도 넉넉히 주었다. 얼떨결에 차베스는 어려운 나라를 살리는 영웅이 되어 가고 있었다. 황소가 뒷걸음치다 쥐를 잡은 것이다.

하지만 육군 중령의 한계가 금방 드러났다. 수백 개에 달하는 민간 기업들을 국유화해버린 것이다. 욕심과 부정부패에 찌든 관료들이 주동이 되었다. 그중에 최고 알짜배기인 정유회사는 차베스 측근이 먼저 챙겼다. 외국인의 자산도 동결하고 모두

몰수해 버렸다. 막 퍼주기식 복지정책으로 차베스의 인기는 최고조에 달했다.

높은 석윳값 덕분에 베네수엘라는 또 한 번의 기회를 맞았지만, 과거의 실패를 또다시 반복하고 있었다. 나라는 서서히 곪아가고 있었다. 썩어가는 나라와 함께 차베스도 암으로 죽었다. 뒤를 이어 부통령 마드로가 대통령이 되었다. 실력 없기는 마드로가 더했다. 긴축정책을 펴는 대신 돈을 마구 찍어 나누어 주었다. 1만 원도 안 하던 통닭이 650만 원으로 650배가 올랐다. 스타벅스 커피 한 잔 값이 500만 원이나 되었다. 연 13만%의 살인적인 인플레이션을 기록했다.

국민의 98%가 극빈층으로 전락했다. 여기에 살인율 세계 1위라는 불명예도 같이 안게 되었다. 베네수엘라는 세계에서 가장 불행한 나라가 되어버렸다. 전 세계 석유의 5분의 1을 보유해 석유매장량 세계 1위이지만 국민은 가장 불행한 삶을 살고 있다.

잘살다가 못사는 나라들

베네수엘라만큼은 아니더라도 한 때는 잘살았지만, 지금은 못사는 나라들이 있다. 필리핀, 그리스, 아르헨티나, 브라질 등이 있다. 여기에 튀르키예(터키)도 뒤를 따르고 있고 영국마저 휘청거리고 있다.

이들 나라가 이렇게 되기까지는 국민은 그냥 열심히 살았을 뿐이다. 모두가 지도자들의 독재와 부패한 관료들의 잘못된 선택 때문이었다. 이들은 국민보다 자신들의 배를 채우는 데 급급했다. 나라의 미래는 뒷전이고 우선 인기에만 휩쓸려 다녔다.

이런 나라에서 개인이 할 수 있는 것은 아무것도 없다. 지도자를 잘못 만난 탓에 모든 국민이 불행할 수밖에 없다. 미국과 함께 세계의 정치와 경제를 좌우했던 러시아는 이제 전범국가로 국제고아 신세가 되고 말았다. 세계 최강 대국이 이 지경으로 파탄되는 데는 불과 몇 달도 걸리지 않았다. 이 모두가 푸틴 대통령과 권력에 눈이 먼 그의 측근들의 야욕 때문이다.

· 독재자를 지도자로 선택

· 퍼주기식 사회주의 정책

· 실력이 없어 외부세력과 결탁

· 측근 관료들의 부정부패

· 가족이나 연인의 그늘을 못 벗어남

· 인격 없는 지도자의 독선

· 솔깃한 인기 위주의 정치

· 국제사회와 결별

▲ 불행한 나라의 특징

행복지수 1위에서
97위로 밀려난 나라

한 개인이 얼마만큼 행복한가를 측정하기란 쉽지가 않다. 계량하여 수치로 나타낼 수 없기 때문이다.

눈에 보이는 물건이라면 무게나 길이 넓이 등과 같이 수치로 정확히 평가할 수 있다. 반면에 행복, 호감도, 만족도 등은 수치로 나타내기가 쉽지 않다. 수능이나 공무원 선발 시험에 서술식 대신 선다형이나 단답형을 택하는 이유도 수치로 나타내기가 쉽기 때문이다.

여기에다 평가 방법, 평가자, 평가항목 등에 따라 그 결과는 전혀 달라진다.

그만큼 객관적으로 한 국가의 행복지수를 측정하기란 쉽지가 않다. 개인마다 국가마다 행복에 대한 가치관이나 척도가 다르기 때문이다. 풍요로운 나라에서 부자로 살고 있지만, 전혀 행복하지 않다고 생각하는 사람도 있다. 반면에 가난하지만 행복해하는 사람도 있기 때문이다.

한 조사기관에서 부탄을 세계에서 가장 행복한 나라로 선정했다. 부탄은 사회 인프라도 변변하게 갖추지 못한 히말라야 산골의 작은 나라이다. 이 같은 결과에 많은 전문가가 의문을 제기했다.

이에 누구나 공감할 수 있는 행복에 관한 기준이 필요했다. 유엔 산하 기관인 SDSN(지속 가능 발전 솔루션 네트워크)에서 이 문제를 맡았다. 여기서 행복에 관하여 뛰어난 전문가들의 의견을 모아 '국제행복지수' 평가표를 만들어 발표한 것이다. 이를 기준으로 2011년부터 매년 나라별 행복지수를 발표하고 있다.

그렇다면 SDSN이 발표한 평가기준을 한번 보자. 다음과 같이 총 7가지 항목들이다. 어느 것 하나를 보아도 개인이 선택할 수 있는 것은 없다.

· 디스토피아

· 선택의 자유

· 1인당 GDP

· 관대함

· 건강한 기대수명

· 부패의 인식

· 사회적 지원

▲ 행복의 기준

    이를 기준으로 행복지수를 평가해보니 1위였던 부탄은 97위로 밀려났다. 우리나라는 59위이다. 가장 행복한 나라는 핀란드였다. 1위부터 10위까지 상위권 대부분을 유럽 국가들이 차지했다. 이들 항목의 특징을 보면 개인이 선택할 수 있는 것은 거의 없다. 모두가 사회지도층이나 정치권력 등 국가의 몫이다. 행복을 개인이 선택할 수 없는 이유이다. 이제 항목들을 하나씩 살펴보자.

디스토피아(Dystopia)

7가지 중 첫 번째는 '디스토피아'이다. 디스토피아는 유토피아의 반대 의미로 사용된다. 지도층이나 정치권력 리더들이 국민을 위해 일하느냐 아니면 국민을 억압하고 희생시켜 가며 자신들의 잇속을 챙기느냐이다.

핀란드, 덴마크, 스위스, 네덜란드, 노르웨이, 스웨덴 등 행복지수 상위를 차지한 국가들을 보자. 국회의원은 우리나라와 달리 별다른 특권이 없다. 급여는 거의 자원봉사 수준이다. 대부분 자전거를 타고 다닌다. 그야말로 동네 반장 같은 심부름꾼이다. 대통령은 권위의식 하나 없이 오직 국민을 위해 일한다. 시장이라도 특별할 것 없이 이웃집 아저씨 같다.

반면에 하위를 차지한 국가들을 보자. 미얀마, 베네수엘라, 아프가니스탄, 러시아 등 하나같이 독재자들이다. 국민은 오로지 자신들의 호의호식을 위해 존재한다. 기득권과 결탁해 온갖 부정부패를 저지른다. 국민의 인권은 안중에도 없다. 행복했던 가정도 이들 독재자에게 잘못 보이면 한순간 감옥에 들어간다.

우리나라 사람들이 행복하지 않다고 느끼는 이유 중에 가장 큰 이유이기도 하다. 예전 군사독재 시절에 비하면 지금은 많이 좋아졌다. 하지만 아직도 권력층이나 지도층 정치인들, 가진 자들에게는 좋은 점수를 주지 않는다. 우리나라 행복지수가 59위로 밀려난 이유가 바로 디스토피아 항목에서 가장 낮은 점수를 받았기 때문이다.

다행인 것은 우리나라는 하루가 다르게 변하고 있다. 디스토피아에서 유토피아로 변하기 위해 모두가 노력하고 있다. 정치권이나 권력층이 국민을 위한 일꾼으로 바뀌고 있다. 가진 자들이 앞장서 사회를 위해 일하고 있다.

인생에서 선택할 자유

인간은 걸음마를 거쳐 걸으면서부터 혼자서 하려고 한다. 스스로 선택하고 스스로 판단하면서 자존감을 느끼게 된다. 강요에 의하거나 억압으로 선택의 자유를 박탈당할 때 좌절감에 스스로 불행하다고 느낀다.

교도소와 같이 신체적으로 구속당하지 않더라도 사회적 관습이나 문화에 따라 개인이 선택할 수 있는 자유가 극히 제한되기도 한다.

개인의 인격과 선택을 존중하는가. 아니면 특정 조직이나 세력을 위해 개인의 인격과 선택의 자유는 무시당하는가. 우리가 사는 곳이 유토피아인가 디스토피아인가의 기준이다.

사회가 지적 수준이 낮을수록, 미개할수록 개인이 선택할 수 있는 게 없다. 여기에 특정 종교 세력이 사회를 지배하면 개인이 선택할 자유는 거의 없다. 종교 교리에 묶여 신을 앞세우면 모든 게 정당화되기 때문이다. 아프가니스탄 등 일부국가는 단지 여성이라는 이유만으로 아무것도 선택할 권리가 없다.

지금 퇴직하는 5060세대는 내가 선택한 삶을 살지를 못했다. 부모님의 뜻에 따라 대학도 가고 결혼도 했다. 결혼하고는 아내 눈치, 자식 뒷바라지에 내 삶은 늘 자유롭지 못했다.

군사독재 시절과 노사 대립 시대를 겪으면서 서로가 대립하고 투쟁하는 것만 보았다. 고도성장 시대에 서로의 이익만을 챙기는 처절한 삶의 현장 속에서 개인이 선택할 수 있는 것은 거의 없었다.

지금 회사에 취직하는 MZ세대는 퇴직에 대한 불안과 두려움 같은 것은 아예 없다. 모든 선택을 내가 자유롭게 결정하기 때문이다.

그만큼 우리 사회는 발전했다. 하지만 이들이 자유로운 선택을 할 수 있는 더 큰 이유는 누구보다 자신의 소중함을 알고 그 누구에게 구속되지 않고 스스로 선택하기 때문이다. 회사를 위해 가족을 위해 무조건 희생했던 우리 세대와 비교해 보자.

지금 우리 사회는 우리의 어떠한 선택도 막지 않는다. 다만 우리 스스로 만든 틀에 묶여서 선택하지 못하고 망설일 뿐이다.

1인당 GDP

우리나라의 1인당 국민소득은 2022년 9월 현재 34,900달러로 26위이다. 그런데 행복지수는 국민소득보다 한참을 뒤처져 59위로 밀렸다. 행복지수 1위인 핀란드는 국민소득으로만 본다면 56,800달러로 15위이다. 13만 1,700달러로 국민소득 1위인 룩셈부르크는 행복지수가 6위이다.

부자로 잘사는 것과 행복은 어느 정도 함수관계가 있다. 하지만 일정 소득 이상이 되면 행복지수에서 국민소득이 차지하는 비율은 그리 높지 않다. 전문가들은 대략 그 기준을 25,000달러 정도로 보고 있다. 체코의 국민소득이 36위인데 행복지수는

18위가 된 것에 참고했다고 한다. 2023년 현재 25,000달러를 달성한 국가는 전 세계 210개 나라 중 38개 정도이다.

한때 국민소득 세계 4위였던 베네수엘라나 선진국이었던 그리스가 어떻게 불행한 나라로 전락하고 있는지 알고 있다. 우리가 행복해지기 위해서 국민소득에 매달릴 게 아니라 디스토피아 등 다른 항목에 중점을 두어야 할 이유이기도 하다.

관대함(Generosity)

관대함은 사회가 얼마만큼 서로 생각하고 나눔과 남의 아픔을 같이하는가에 대한 척도이다. 관대함의 직설적인 표현은 '인심 좋은 정도'가 적절할 것이다. 국민소득과 달리 정량적 측정이 어렵지만, 우리나라가 93위를 차지했다. 관대함에서 세계 1위는 인도네시아다.

인도네시아 대지진 때 우리나라가 얼마나 많은 기부에 동참했던가. 그렇게도 원수 같은 일본에도 동일본 대지진 때 많은 국민이 기부에 동참했다. 인심 좋기로 소문난 우리나라가 관대함 항목에서 최하위 등급을 받은 것에 대하여 의외라는 사람이 많다.

관대함의 평가척도를 기부나 자선사업 등 겉으로 드러난 수치에 중점을 두다 보니 순간순간 정에 끌려 기부에 동참하는 우리나라가 평가에서 낮은 점수를 받은 것이다.

반대를 위한 반대만을 주장하는 정당, 학연, 지연, 혈연 등 파벌에 얽매인 파벌 문화가 한몫을 했다.

낯선 외국인들에게도 관대하고 매사에 정이 많은 우리나라이다. 비록 평가 척도에 밀려 높은 평가는 못 받았지만, 속내를 보면 모두에게 관대한 나라이다.

건강한 기대수명

우리나라의 건강 기대수명은 84세로 미국보다도 높은 세계 10위이다. 아마 조만간 91세인 홍콩을 제치고 이 부분에서 세계 1위에 오를 것 같다.

세계인들이 무엇보다 한국의 의료체계를 가장 부러워한다. 여기에 노인에 대한 의료서비스 역시 세계 최고다. 무엇보다 건강보험 덕분에 의료비가 저렴하다.

먹는 음식을 보면 간장, 된장, 고추장, 김치 등 발효음식이 대부분이다. 지정학적으로 사계절이 뚜렷하여 건강에 최적화된 환경을 갖추고 있다. 산과 바다가 조화를 이루어 어디를 가든지 사람 살기 좋은 곳이다.

온돌방의 주거문화도 세계 최고 수준이다. 의식주에 병원 인프라까지 그야말로 건강할 수밖에 없는 조건들을 갖추고 있다.

부패의 인식

부패인식은 사회가 얼마만큼 공정하고 투명한가를 평가하는 것이다. 김영란법이 발효되었고 기업들은 윤리강령을 만들어 시행하고 있다. 하지만 이를 바라보는 국민은 우리 사회는 아직도 불공정하고 투명하지 않다고 생각한다.

부산에서 서울까지 국토종단 경주를 하였다. 열심히 밤낮을 달려 서울운동장에 도착해보니 이미 많은 사람이 도착에서 상품을 가져가 버렸다. 알고 보니 대부분이 중간에서 자동차를 타고 반칙을 한 사람들이었다. 하다못해 자전거라도 훔쳐 타고 온 사람이 등수 안에 들었다.

심판에게 따져 물었지만 그게 무슨 문제냐고 오히려 반문한다.

걸어가든 차를 타고 가든 서울만 가면 되는 것 아니냐고 말이다.

우리나라가 유독 부패에 약한 것은 가족 중심의 삶이기 때문이다. 가족을 위해서 저지르는 부패가 대부분이다. 다른 사람은 피해를 보아도 내 가족만은 잘살면 그만이라는 생각이다. 가족을 넘어 이웃을 넘어 사회를 생각하고 국가를 생각한다면 부패는 없어질 것이다.

전통적인 가족주의가 부패를 근절하지 못하고 있는 것이다. 행복지수 평가항목 중 부패인식에서 중하위를 맴도는 이유이다.

사회적 지원

인간은 사회적 동물이다. 혼자가 아닌 여럿이 모여 살아간다. 모두가 행복해야 나도 행복하다. 유엔 산하 행복기구 SDSN이 사회적 지원을 평가 항목으로 추가한 이유이다.

사회적 지원이란 한 개인이나 가족이 사회 국가 등으로부터 도움을 받을 수 있는 사회안전망과 시스템이 갖추어져 있는가를 말한다.

선진국들은 사회적 지원 시스템이 잘 구축되어 있다. 반면에 후진국은 시스템이 엉망이다. 못사는 나라일수록 빈부격차가 심한 이유도 이 때문이다.

사회적 지원을 평가할 때 일회성이 아니라 상시 지원할 수 있는 시스템을 주로 본다. 선심성 정책, 선거용 정책, 수시로 바뀌는 지원정책에 의존하는 우리나라가 이 평가항목에서도 낮은 점수이다. 부유층과 권력층, 정치권 등 기득권층이 약자에 대하여 얼마만큼의 관심과 도움을 주고 있는가를 본다.

행복의 기준도 진화한다

사람은 누구나 부자로 잘(Rich)살고 싶다. 돈을 많이 벌어 좋은 집에서 살며 좋은 차를 갖고 싶다. 마음껏 여행도 즐기면서 맛있는 음식을 먹으며 원 없이 살고 싶은 것이다. 하지만 그게 마음처럼 잘 안 된다. 휴일 한번 제대로 못 쉬고 일했지만 삶은 점점 더 힘들어지고 있으니 말이다.

대부분 사람은 원하는 것을 가지면 행복할 것이라 믿는다. 그러기 위해서 돈이 있어야 한다고 생각한다. 그래서 그들은 돈을 벌기 위해 앞만 보고 달린다. 드디어 원하는 것을 얻었다. 좋은 직장도 들어갔다. 원하는 연인을 만나 결혼도 했다. 좋은 차도 사고 내 집도 마련했다. 아이들도 좋은 대학에 들어갔다. 그야말로 잘살게 된 것이다. 이제 당신의 삶은 행복한가?

하지만 안타깝게도 사람들은 좋은 것을 가지면 가질수록 그것에 만족하지 않고 더 좋은 것을 찾게 된다.

쾌락적응

심리학자들은 이 같은 인간의 심리를 쾌락적응(Hedonic Adaptation)이라고 말한다. 캘리포니아 대학의 심리학과 교수인 소냐 브로머스키 박사는 쾌락적응을 설명하면서 인간은 익숙해지는 데 뛰어나다고 말한다. 특히 긍정적인 변화에는 더욱 그렇다고 한다.

원하는 것을 얻으면 만족하고 행복할 것 같지만 금방 적응을 하고 이전의 상태로 돌아가 다시 새로운 것을 원하게 된다는 것이다. 차를 처음 샀을 때나 원하는 이성을 만났을 때, 처음에는 행복감을 느끼지만 시간이 지날수록 점차 무디어진다는 것이다.

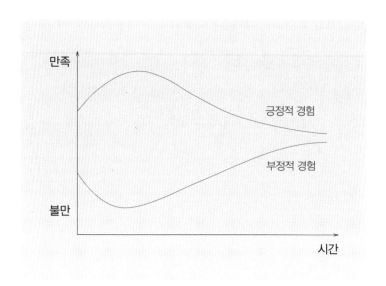

▲ 삶의 만족도

쾌락적응은 부정적인 경험에서도 똑같이 일어난다. 사고를 당하거나 사랑하는 연인과 결별하면 한순간 가진 것을 모두 잃어버린다. 일정한 시간이 지나면 안정을 찾고 그전의 심리상태로 돌아간다.

이 같은 사실을 안다면 물질이나 돈에 집착하지 않을 것이다. 집 한 채를 마련하기 위해 평생 허리띠를 졸라매고 대출금 때문에 은행에 끌려다니지도 않을 것이다.

결국, 돈이 많아 부자(Rich)로 잘살아도 행복한 삶이 오지 않는다는 것을 알 수가 있다.

만족

원하는 것을 가졌지만 행복하지 않다면 무엇이 행복을 가져다줄까. 미국의 에모리대학에서 뇌과학을 가르치는 그레고리 번스(Gregory S. Berns)는 뇌 과학의 측면에서 행복을 한마디로 만족이라고 정의했다. 그는 다양한 실험을 통해 인간이 언제 어떤 방식으로 만족하는지 연구했다. 그리고 이에 관하여 『만족(Satisfaction)』이라는 제목으로 책을 출간했다.

번스 박사는 뇌가 언제 만족하는지 과학적으로 알기 위해 자기공명영상(MRI)을 이용하여 뇌를 촬영하였다. 그 결과 뇌는 새로움(Novelty)에 만족을 한다는 것을 발견하게 되었다. 새로운 단어나 새로운 풍경 등 환경이 바뀌어도 뇌가 자극을 받고 만족을 한다는 것이다. 뇌는 적절한 보상에도 만족한 반응을 한다.

일하고 나서 받는 포상이나 칭찬, 또는 금전이 대표적이다.

부모로부터 받는 유산이나 아무런 노력 없이 얻어지는 복권 같은 돈에는 뇌의 반응이 별로 없었다.

　성실하게 일해야 할 이유가 여기에 있다. 특히 어렵고 힘든 과제에 도전할 때 뇌가 가장 큰 반응을 한다는 것을 알게 되었다. 여기에 극한 상황에서는 더욱더 만족을 느끼는 것도 알게 된다.

　그는 24시간 동안 160km를 쉬지 않고 달리는 울트라 마라톤의 참석자를 대상으로 자세히 관찰했다. 이들이 왜 육체적으로 고통스러운 마라톤에 매년 참가를 하는지도 밝혀냈다.

　이들이 마라톤을 시작한 지 15시간이 지나고 120km를 넘어서면 인간의 한계점에 도달하게 된다. 바로 이때 뇌에서는 코티솔(Cortisol)이라는 독특한 물질이 나와 뇌를 자극하는데 뇌가 만족한다는 것이다. 이 만족감 때문에 해마다 많은 이들이 울트라 마라톤에 참석한다는 것이다. 이들이 완주하면 은으로 만든 기념품 버클 정도가 전부이다.

　평범한 우리가 뇌에 만족을 주기 위해서 매번 새로운 도전을 하고 울트라 마라톤 같은 경험을 하기는 쉽지가 않다. 그렇다면 평범한 일상 속에서 만족을 느낄 수는 없을까.

몰입

1980년대 들어 행복에 관한 기준을 가장 정확히 제시하고 있는 사람은 미국에 있는 시카고대학의 미하이 칙센트미하이(Mihaly Csikszenmihalyi) 교수다. 이에 관하여 국내에서는 『몰입의 즐거움(Finding Flow)』이라는 책으로 소개되었다.

그는 평범한 미국인 수만 명을 대상으로 언제 행복을 느끼는지를 조사했다. 그랬더니 대부분 사람은 뭔가에 몰입할 때 그러면서도 보람 있는 일을 했을 때 가장 행복함을 느꼈다.

그는 행복을 결정하는 요소를 조금 더 구체적으로 들여다보았다. 그리고 행복을 주는 요소는 보람(의미), 즐거움, 몰입, 집중 등 4가지로 분류를 했다. 그다음에 일상의 생활을 여가활동, 유지활동, 생산활동으로 나누고 이들 활동을 4가지 요소에 대입해 보았다.

나는 2001년 출간한 『Better Life Best Life(더 나은 삶을 위하여)』라는 저서에서 이 내용을 소개하였다. 그리고 20년 이상을 이 내용을 주제로 강의하고 있다. 이들과 직접 토론을 하고 실습을 해보면서 하나같이 이 내용에 공감하는 것을 보았다.

나는 여기에 지속성 한 가지를 더했다. 순간의 행복보다도 지속성이 더 중요했기 때문이다.

　　몰입은 뭔가에 푹 빠져 있거나 마라톤과 유격훈련 같은 힘든 운동을 할 때 경험할 수 있다. 집중은 잡념이 없이 산만하지 않은 상태이다. 보람은 나보다도 이타적인 행위를 할 때 느낄 수 있다. 노래방에 가서 마이크를 잡으면서 보람을 느낄 수 없지만 힘든 봉사활동일지라도 보람을 느낄 수가 있다.

구분	즐거움	보람 (의미)	몰입	집중	지속성	(합계)
여가활동 (여행, 취미)	++	0	−	−	− −	40
유지활동 (휴식, 식사)	0	0	0	0	−	45
생산활동 (일, 공부, 군대)	−	++	++	+	++	80

− − 전혀 없음(0점), − 조금 없음(5점), 0 보통(10점),
+ 조금 있음(15점), + + 아주 많음(20점)

▲ 행복지수

여행은 즐거움과 보람(의미)을 주지만 몰입과 집중과 지속성이 없다. 일하는 것은 즐거움이 조금밖에 없지만, 나머지 항목에서 점수가 높다. 군대 가기를 싫어하는 이유는 즐거움이 없기 때문이다.

하지만 삶 중에서 보람과 의미를 가장 많이 주는 곳이 군대이다. 군대생활을 해본 사람이라면 즐거움이 좀 없을 뿐이지 보람과 의미, 몰입, 집중을 많이 준다는 것을 금방 알게 된다. 태어나서 가정과 학교에서 남의 도움만 받다가 처음으로 국가와 민족을 위해 하루하루를 보내고 있기 때문이다.

계획대로 되었을 때

러시아의 과학자 바딤 젤란드는 어느 날 우주로부터 메시지를 전달받고 『리얼리티 트랜서핑』이라는 책을 출간하게 된다. 그의 저서에서 '인간은 자신이 계획한 대로 되었을 때 행복을 느낀다.'라고 했다. 우리는 수많은 목표를 정하고 그것을 달성할 계획을 세운다. 우리는 그동안 학교에서 또는 선배들로부터 계획된 생활을 해야 하고 목표 있는 생활을 해야 한다고 배웠다.

그런데 무슨 목표를 세워야 할지는 잘 배우지는 못했다. 그러다 보니 모든 사람의 목표가 물질적(Rich) 목표가 되어버렸다. 성공을 하고 집을 사고 자동차를 사고 10억을 모으는 부(Rich)가 목표가 된 것이다.

그동안 우리는 자본주의에 끌려 물질적(Rich) 목표를 정하고 힘든 계획을 세워놓고 발버둥치면서 행복을 찾았다. 물질의 목표와 성공이라는 계획은 수많은 환경과 경쟁 속에서만이 힘들게 달성할 수 있다. 결코, 쉬운 길이 아니다. 정작 목표를 달성하고 나면 바다에서 잡아 올린 뼈다귀만 남은 고래처럼 당신이 생각했던 행복이 아닐 수 있다.

이제 그 목표를 바꾸어보자. 나의 인격을 다듬고 의미 있는 삶(Well Being)을 사는 것으로 바꾸어보자. 그러면 당신은 힘들게 경쟁을 안 해도 된다. 돈도 들어가지 않는다. 계단을 오르듯 하루하루 당신이 세운 계획이 달성되는 것을 느끼게 된다. 작은 계획이라도 달성되면 큰 행복감이 밀려온다. 그리고 삶은 의욕과 보람으로 넘친다.

물질적 부자(Rich) 목표	의미 있는 삶(Well Being) 목표
· 목표달성이 힘듦 · 경쟁이 필요함 · 만족하지 못함 · 목표를 달성해도 허탈함 · 주위 사람이 점점 멀어짐 · 영혼의 성장을 멈추게 됨	· 목표달성이 쉬움 · 경쟁이 필요 없음 · 매 순간 보람과 만족을 느낌 · 주변 사람이 좋아함 · 영혼이 성장함

▲ 삶의 목표에 따라

꿈과 희망이 있을 때

행복을 목표로 삼는다면 당신은 결코 행복을 맛볼 수 없다. 많은 사람은 행복을 목표로 알고 살아가고 있다. 하지만 행복은 하루하루 삶 속에서 경험하고 느끼는 것이다. 목표가 아니라 과정이다.

돈이나 주어진 환경에 좌우되지 않고 늘 행복한 삶을 사는 사람들은 무엇이 다를까. 행복을 연구하는 전문기관에서 이들이 무엇이 다른지 지켜보았다. 그 결과 그들에게는 공통으로 꿈과 희망이 있다는 사실을 알게 되었다.

사람들은 점점 나아지고 있을 때 희망을 품게 된다. 퇴직하고 난 후 점점 나아지고 있는 게 무엇이 있을까. 돈, 건강, 힘, 아파트 평수, 인간관계 등 우리가 평소에 생각하고 있는 대부분이 나아질 수가 없다. 물질 만능의 자본주의에서 살아온 결과이다.

조금만 생각을 바꿔도 점점 나아지고 있는 것이 많다는 것을 알게 된다. 내가 책 제목을 『퇴직이 좋은 7가지 이유』로 정한 이유이기도 한다.

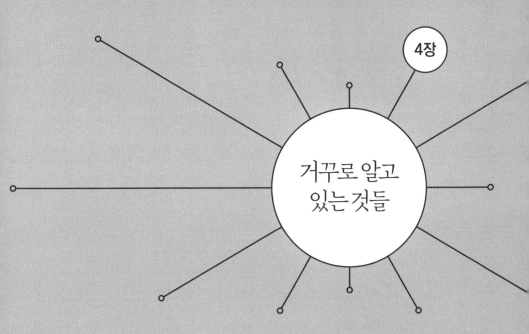

4장

거꾸로 알고
있는 것들

퇴직 후 로망을 꿈꾸지만

직장인들이 퇴직 후 꿈꾸는 삶은 어떤 삶일까. 아마 일하지 않고 여가생활을 하면서 살기를 원할 것이다.

대부분이 그동안 못 갔던 여행과 등산을 아내와 같이 다니고 싶어 한다. 여기에다 한적한 시골에 내려가 전원주택을 지어 작은 텃밭이라도 가꾸며 오순도순 살고 싶어 한다. 하지만 실제 이런 생활을 경험해본 사람들의 이야기를 들으면 생각이 달라진다.

은퇴자들을 대상으로 강의하다 보면 대부분 사람이 반대로 생각하고 있는 것들이 많이 있다. 그중의 하나가 가족과의 관계이다. 퇴직하면 가족과 더 많은 시간을 보내고 싶어 한다. 그러면 가족과의 사이가 더 돈독해질 것으로 생각한다. 하지만 가족은 가까이할수록 더 멀어진다. 멀리 있을수록 그리고 오랜만에 만날수록 사이가 좋아진다.

이렇듯이 퇴직 후 꿈꾸는 삶을 거꾸로 생각하고 있는 것들이 뜻밖에 많다. 이제 퇴직자들이 거꾸로 생각하고 있는 것들에는 무엇이 있는지 알아보자.

파이어족의 허상

대부분 직장인의 로망은 일하지 않고 여가생활을 즐기면서 살기를 원한다. 그래서일까. 최근 들어 파이어족에 관한 이야기가 종종 나온다.

파이어(FIRE, Financial Independence Retire Early)족이란 경제적으로 자립해 조기에 직장을 퇴직하여 남은 인생을 일하지 않고 즐기는 사람을 말한다. 파이어족을 꿈꾸지만 대부분 직장인들은 정년을 꼬박 채우고 퇴직을 한다. 그리고 퇴직 후 삶을 꿈꾼다.

아내와 같이 그동안 못 갔던 여행도 즐기면서 등산도 함께 다니고 싶어 한다. 도시에서 떨어진 산골에 내려가 전원주택을 지어 작은 텃밭이라도 가꾸며 오순도순 살고 싶어 한다. 하지만 실제 이런 생활을 경험해본 사람들의 이야기를 들으면 생각이 달라진다.

"퇴직한 지 이제 5년이 다 되어가네요. 직장을 그만두면 이것저것 해봐야지 하고 계획을 많이 세웠지요. 퇴직 후 1년 동안은 아내와 같이 여행도 다니고 등산도 하면서 보냈습니다. 시골에 아담한 주택을 마련해서 작은 텃밭을 마련해 주말 농장도 가꾸며 즐겁게 지냈습니다. 하지만 그 즐거움은 오래 가지 못했어요.

특별히 할 일이 없다는 것이 사람을 무기력하게 만들었습니다. 당장 내일 갈 곳이 정해지지 않았다는 것이 하루하루 지루하게 만들었어요. 그러다 보니 생활은 불규칙해지고 계획 없이 하루를 보내는 날이 많아졌어요.

부부가 같이 있으면 사이가 더 좋을 줄 알았는데 둘 사이는 갈수록 더 나빠졌습니다. 퇴직하면 우울증에 걸린다는 말이 실감이 나더라고요."

30년을 직장생활을 하다가 퇴직한 분의 이야기다.

나는 퇴직자들을 대상으로 강의하면서 퇴직 후 하지 말아야 할 몇 가지를 얘기해준다. 그중에 하나는 시골에 내려가 생활하지 말라고 한다. 나이가 들수록 사람이 많은 곳에 살아야 한다. 자연의 경치만 보고서 한적한 곳에서 살면 외로움과 답답함에 기가 빠지고 무기력해진다.

다음으로 부부가 같이 보내는 시간을 가능한 줄이라고 권한다. 부부가 같이 있는 시간이 많아지면 행복할 것 같지만, 오히려 반대이다. 부부 사이를 좋게 하려면 주말부부가 되라고 권한다.

앞에 소개한 이 부부는 하지 말아야 할 것만 두 가지를 더해 5년을 지냈으니 최악의 상황을 맞고 있는 것이다.

나는 파이어족을 꿈꾸는 사람들을 만나면 그들에게 가끔 질문한다. '회사를 그만두면 무엇을 하면서 살아가겠느냐?'라고 말이다. 그들은 하나같이 여행을 다니면서 인생을 즐기면서 살고 싶다고 이야기한다.

퇴직자들이 가장 힘들어하는 것이 할 일이 없다는 것이라고 했다. 우리는 지구라는 무대 위에 인생이라는 각자의 역할을 가지고 태어났다. 할 일이 없다는 것은 무대에서 배역이 없다는 것과 같다.

파이어족을 꿈꾸는 사람들은 스스로 무대에서 배역을 포기한 것이나 다름이 없다. 그들의 운명이 결코 희망적일 수 없는 이유이다.

여가생활의 함정

군이 퇴직자가 아니더라도 일하지 않고 여가생활을 즐기면서 사는 것은 모든 사람의 희망이다. 최근 파이어족이 등장한 것도 이 때문이다. 그런데 막상 그 생활을 몇 년 해보면 예상과는 다르다는 것을 알게 된다.

대부분 사람은 즐거운 생활이 곧 행복한 것으로 알고 있기 때문이다. 하지만 여행의 즐거움이나 여가의 여유로움은 어느새 무료함과 지루함으로 다가온다. 그 이유는 행복을 결정짓는 다섯 가지 항목을 살펴보면 알 수 있다.

여행과 같은 여가생활은 즐거움은 주지만 보람과 의미 등 다른 네 가지 수치는 낮기 때문이다. 여기에 지속성을 더해보면 더 낮아진다.

대부분의 여가활동은 몰입과 집중을 주지 못한다. 몰입의 전문가로 알려진 서울대학교 황농문 박사는 그의 저서 『몰입(Flow)』에서 몰입이야말로 행복의 핵심이라고 말한다. 하지만 여가활동에서는 몰입을 느끼기 힘들다.

구분	즐거움	보람 (의미)	몰입	집중	지속성	(합계)
여가생활 (여행)	++	0	−	−	−−	40

−− 전혀 없음(0점), − 조금 없음(5점), 0 보통(10점),
+ 조금 있음(15점), ++ 아주 많음(20점)

▲ 여가생활 행복지수

우리가 뭔가에 푹 빠져있을 때 혹은 심취해 있을 때 몰입을 경험한다. 이때는 시간 가는 줄도 모른다. 몰입은 어떤 일에 열중해 있을 때 경험한다. 또한, 감명 깊은 영화를 볼 때나 사랑하는 연인과 같이 있을 때에도 몰입의 경험을 한다.

몰입은 하고 있는 활동의 난이도(수준)와 함수관계가 있다.

누구나 쉽고 편안 일을 찾으려고 하지만 쉬운 일을 할 때는 몰입하기 힘들다. 단순한 경비를 서는 일은 몰입하기 힘들지만, 컴퓨터 프로그래밍을 하는 일은 금방 몰입에 들어간다. 취미활동이나 운동도 마찬가지이다. 등산이나 족구같이 배우기 쉽고 어렵지 않은 운동은 몰입이 잘 안 된다. 하지만 암벽등반이나 골프와 같이 어려운 운동은 배우기가 어렵지만, 시간이 지날수록 몰입이 된다.

여가활동의 또 다른 문제는 뇌기능의 급속한 퇴화이다. 인간의 뇌는 사용하지 않으면 근육처럼 퇴화가 된다. 여행이나 하면서 편안한 생활을 하면 뇌는 금세 퇴화되어 간다.

미국 노이스턴대학교의 펠트만 버렷 교수는 이에 관한 실험을 발표했다. 80세의 나이에도 25세 못지않은 기억력이나 집중력을 가지고 있는 슈퍼에이저(Super Ager)들의 뇌를 연구한 것이다. 이들의 공통점은 편안한 여가생활을 하지 않았다는 것이다. 대신 평소에 꾸준하게 정신적으로나 육체적으로 힘든 과제를 수행하면서 생활을 하고 있었다. 실험 결과를 보면 할 일이 없이 편하게 사는 것은 빨리 늙게 하는 지름길이라는 것을 알 수 있다.

또한, 여행이나 여가활동은 지속성이 가장 큰 문제이다. 한 달 내내 일할 수는 있어도 좋아하는 노래방에는 하루 동안만 있어도 지겹다. 일하지 않고 몇 달간 여행만 다닌다면 시간이 지남에 따라 점점 더 지겹고 무료하게 느껴진다.

이처럼 대부분의 여가생활은 기대와는 반대로 삶의 시계를 거꾸로 가게 한다. 시간이 지날수록 사는 보람과 의미를 못 느끼며 지루한 삶을 살기 때문이다. 하루하루가 무기력해지고 자신의 존재 의미마저 잃고 살아간다. 심하면 우울증에 걸리기도 한다. 그런데도 대부분 사람은 여가생활을 꿈꾼다.

여가생활의 또 다른 문제는 대부분 여가생활은 돈이 필요하다는 것이다. 돈 없이 보내는 여가활동은 자신을 스스로 움츠리게 한다. 은퇴 이후 돈이 필요하다고 하는 것도 여가생활을 중심으로 퇴직 생활을 구상하고 있기 때문이다.

편안함을 멀리하라

최근 방송에서 장수마을에 대한 특집을 냈다. 전 세계에서 100세 이상 인구가 많이 사는 장수마을의 공통점을 방송한 것이다.

그들을 조사해 보니 먹는 음식이나 지역은 크게 다르지 않았다. 다만 그들 모두가 높은 비탈길에 마을을 이루고 계단을 여러 번 오르내리는 곳에 살고 있었다. 또 그들은 어느 정도 몸을 사용하는 일을 하고 있었다.

하지만 현대사회는 편안함을 추구한다. 나이가 들면 가능한 몸을 움직이지 않도록 로봇이나 전동장치가 대신하게 한다. 기업들은 온갖 상품들을 경쟁적으로 내놓는다.

가만히 있어도 무빙워크가 나를 실어다 준다. 창문을 여닫는 것도 커튼을 여닫는 것도 리모컨이 해준다. 손님이 와도 문 앞까지 안 나가도 된다. 모니터를 보고 리모컨을 누르면 된다. 침대에서 일어나기도 귀찮다. 살짝 터치만 하면 상체를 저절로 일으켜주는 전자동 침대도 나왔다. 이제는 시골의 비닐하우스도 안방에서 또는 다방에서 차를 마셔가며 가만히 앉아서 돌본다. 그야말로 움직일 필요도 없이 누워서 일할 수도 있는 시대가 되었다.

자본주의 사회는 온통 편리함을 넘어 편안함을 추구한다. 모든 상품은 여기에 초점이 맞추어져 있다. '좀 더 편안하게, 좀 더 안락하게.' 오늘도 새로운 제품이 만들어진다.

가끔 등산으로 몸을 단련하고 싶지만 이마저도 어렵게 되었다. 조금 이름 있는 산이다 싶으면 케이블카를 만들어 편하게 오르도록 했기 때문이다. 인간의 마음은 절대 편리함 앞에서는 선택의 여지가 없다. 엘리베이터를 놔두고 계단으로 오르면 건강하다는 것은 누구나 아는 사실이다. 하지만 어느새 승강기 버튼을 누르고 있다.

퇴직 후 나이가 들면 온통 몸을 편안하게 하는 상품들이 유혹한다. 최근 폭증하는 음식 배달 서비스도 몸을 움직이지 못하게 하는 일등공신이다. 편안하면 더없이 행복할 것 같지만 실험 결과는 전혀 그렇지 않다.

인간은 육체노동 70%와 정신노동 30%의 비율로 일할 때 가장 만족감을 느낀다고 한다. 만약 반대로 정신노동을 많이 하는 사람은 육체노동이 부족하기 때문에 스트레스에 일의 효율도 떨어진다는 것이다.

이에 대한 처방은 뜻밖에 간단하다. 정신노동의 비율이 높은 집단일수록 강한 육체노동을 시키면 된다. 우리가 등산이나 격렬한 운동을 하고 나서 느끼는 감정이다. 이때 등반이나 운동 같은 비생산적인 일보다는 도로를 만들고 도랑을 파고 담을 쌓는 등 생산적인 일을 하면 보람까지 더해져 그 효과는 배가된다고 한다.

여기에 치어리더 같은 아리따운 여인들이 흥을 돋우면 즐거움까지 더해진다. 혼자가 아니라 여럿이 하면 강한 공명현상으로 에너지 펜듈럼이 생겨 힘든 줄도 모른다. 이야기하다 보니 어디서 많이 보았던 모습이다. 바로 북한의 노동현장 모습이다.

그동안 우리는 그들이 굴착기가 없어 삽질한다고 그들을 비판했다. 아니 굴착기는 있는데 연료가 없어 어쩔 수 없이 사람이 강제노동을 한다고 알고 있다. 이야말로 난센스다.

몸을 많이 움직이면 뇌는 저절로 바뀌기 때문이다. 뇌가 바뀌면 사람은 저절로 바뀐다. 기업의 근로자들을 보면 생산현장에서 일하는 사원이 사무직이나 관리직에 비해 월등히 만족도가 높다.

조선왕조 임금의 평균 수명은 38세로 단명을 했다. 이에 대한 분석이 다양하다. 하지만 영조나 세종대왕과 같이 장수한 왕도 있다. 혹자는 후궁이 많아서 단명했다고 하지만 왕들의 생활에서 그 원인을 찾을 수 있다. 화장실도 가마를 타고 다녔던 왕들은 모두 단명했다. 세종대왕은 논밭을 손수 만들 정도로 몸을 움직였다고 한다.

퇴직 후에는 몸을 많이 움직여야 한다. 편안함과 결별해야 건강하게 무병장수할 수 있다.

규칙과 자유로움 사이

　퇴직을 하고 나면 누구나 규칙적인 생활에서 벗어나 자유를 꿈꾼다. 퇴직이 주는 가장 좋은 점이기도 하다. 하지만 아무렇게나 흐트러진 자유는 퇴직자들이 가장 경계해야 한다.

　규칙과 자유로움의 차이가 무엇일까. 이에 대한 궁금증을 풀기 위해 테니스 경기장으로 한번 가보자. 테니스 경기를 하면서 규칙도 없고 네트도 없이 마음대로 공을 치면 선수나 보는 사람 모두 무슨 재미가 있겠는가. 우리가 스포츠에 열광하는 것은 일정한 규칙이 있고 일정한 규격을 갖춘 경기장이 있기 때문이다.

이 같은 이치를 알아서일까. 독일의 철학자 칸트는 '자연의 모든 것은 법칙(Rule)에 의하여 움직인다.'라고 하였다. 그리고 그는 '세상은 일정한 규칙에 따라 움직이는데 왜 인간만이 자유로움을 추구하는 것일까.' 그는 어떻게 하면 인간이 자연과 조화를 이룰 수 있을까 항상 고민을 했다. 그리고 그는 규칙적인 생활에서 답을 찾았다. 그러면서 평생을 시계처럼 규칙적인 생활을 하였다.

칸트가 얼마만큼 규칙적으로 시간을 정확하게 지켰는지 일화가 유명하다. 칸트는 매일 오후 4시가 되면 어김없이 산책을 했다고 한다. 그 시간이 얼마나 정확했던지 이웃 주민들은 그 시간에 맞추어 집안에 있는 시계를 맞추었을 정도였다. 그는 평생을 컴퓨터처럼 규칙적인 일과시간을 지키는 철학자로 유명하다.

그는 우주 삼라만상이 일정한 규칙에 따라 움직인다는 사실을 알았다. 오로지 인간만이 이 규칙에서 벗어나 있음도 알았을 것이다. 결국 자신이 규칙적인 생활을 함으로써 자연의 흐름(Flow)과 하나가 되고자 했던 칸트의 깊은 철학이 여기에 숨겨져 있다. 그리고 몸소 실천한 것이다. 그가 평생을 1분도 틀리지 않게 4시 55분에 일어나고 4시에 산책을 하고 10시에 잠자리에

드는 등 규칙적인 생활에 매달렸던 이유이다.

중용에도 이와 비슷한 이야기가 있다. 군자는 매일 같은 일과를 반복하는 가운데에서 삶의 의미를 찾고 소인은 항상 새로운 것을 찾아 여기저기 기웃거린다는 것이다. 중용에서 보면 칸트는 군자 중의 군자이다.

베토벤의 교향곡이 유명한 것도 괴테의 시가 유명한 것도 일정한 규칙을 지켰기 때문이다.

규칙의 힘

기차를 타거나 지하철에 오르면 마음이 차분해지고 어느 때는 스르르 잠까지 온다. 또 계곡 물소리나 빗소리를 들으면 소음으로 들리지 않고 마음이 평온해진다.

왜 그럴까. 그것은 기차소리, 빗소리, 계곡 물소리는 일정하게 규칙적으로 반복해 들리기 때문이다. 우리의 뇌는 일정하게 반복된 주기에 반응을 하는데 이는 뇌파의 파동과 공명을 하기 때문이다. 그래서 기분이 좋아지고 차분해진다.

운동 중에 걷기 운동이 가장 좋은 것도 심장의 박동과 같이 두 박자의 리듬이 규칙적으로 반복되기 때문이다. 이시형 박사는 이를 가리켜 세로토닌 워킹이라고 부르며 가장 좋은 운동이라고 추천하고 있다. 이때 뇌에서는 행복물질인 세로토닌이 나온다.

뇌 과학자들에 의하면 행복물질인 세로토닌은 자유로운 생활보다 일정하게 규칙적인 생활을 할 때 나온다고 한다. 자유로움을 만끽하면서 보내는 대학생활보다 규칙적인 군대생활이 더 기억에 남는 것도 이 때문이다. 아무런 계획도 없이 제멋대로 삶을 즐기는 서양의 히피족이 유행처럼 잠시 왔다가 사라진 것도 이와 관련이 있다.

자유로움의 한계

그런데도 대부분 사람은 반대로 생각한다. 일 때문에 주위의 체면 때문에 어쩔 수 없이 규칙에 틀에 얽매여 생활하는 것으로 생각한다. 그래서 언젠가 기회가 되면 그런 생활을 벗어나 시간에 구애받지 않고 하루하루 자유롭게 살아가는 것을 꿈꾼다.

그렇다면 지금의 꽉 짜인 생활에서 벗어나 되는대로 자유스럽게 한번 생활해보라. 일주일은 아무런 느낌도 없이 자유를 만끽하고 더없이 포만감을 느낀다. 그런 생활을 2주일쯤 하면 그때부터는 몸에 이상이 온다. 매사에 의욕이 사라지고 짜증이 난다. 뇌에서 세로토닌이 점점 말라가고 있기 때문이다. 오랜 직장생활을 하고 난 퇴직자들이 가장 쉽게 걸리는 병이 바로 불규칙 습관에서 오는 세로토닌의 결핍이다. 규칙적인 생활이야말로 퇴직 후 가장 조심해야 할 생활습관이다.

직장을 그만두고 나면 나를 통제하는 사람도 통제할 규칙도 사라진다. 누가 통제를 하지 않은 이상 규칙적인 생활을 하기란 쉽지가 않다. 아무리 계획을 잘 세워도 마음먹은 대로 몸이 따라주지 않기 때문이다.

전원주택에 살지 마라

　요즘은 전원주택에 살려고 하는 사람은 거의 없다. 유튜브 덕분이다. 그들의 이야기를 들어보면 무엇보다 불편함을 이야기한다. 자연에 가까울수록 온갖 벌레가 집안까지 들어온다. 마당에 가끔 뱀이 들어오기도 한다.

　시골에서 여유롭게 쉬면서 낭만을 즐기려고 왔는데 머슴살이 신세가 되고 만 것이다.

　여기에다 동네 사람들 텃세도 견디기 힘들다고 한다. 촌사람들 정이 많고 인심이 후할 것 같지만 야박한 인심에 충격을 받는다고 한다. 또한 저녁이면 무서울 정도로 적막한데 주변에 아는 사람이라도 없으면 외로움까지 더해져 하루하루 견디기 힘들다고 한다.

그뿐만이 아니다. 병원 등 편의시설이 거의 없고 하다못해 시장을 보려 해도 대중교통이 없어서 차로 멀리까지 나아가야 한다. 저녁노을을 보면서 잔디밭에 바비큐 파티를 생각했던 전원주택의 로망은 한 달도 채 안 되어서 절망으로 바뀐다.

도시의 아파트는 금방 팔아서 노후자금으로 쓸 수 있지만 전원주택은 투자금의 반값에도 팔리지 않는다. 그야말로 빼도 박도 못하고 인생이 물리게 된다. 전원주택에 가지 말아야 할 더 중요한 이유는 다른 곳에 있다.

사람 많은 곳이 명당

'명당' 하면 예전에는 산 좋고 물 좋은 곳을 찾아다녔다. 지금은 사람 많은 곳이 명당이라고 한다. 큰 사찰일수록 포교원이 도시에 있다. 정작 산속 사찰본당에는 노스님과 관광객들뿐이다.

풍수지리학자로 중국에서도 유명한 금원선생을 만날 기회가 있었다. 그는 사람이 많은 곳이라야 좋은 기가 흐른다고 강조를 하였다. 사람 하나하나가 우주의 와이파이 중계기 같은 역할을 한다고 한다. 사람이 없는 산속이나 한적한 곳은 와이파이 중계기가 없는 것처럼 기가 막히게 된다는 것이다. 그러면서 소통이 막히면 우울증에 걸리고 머리가 먹먹해지면서 빨리 늙는다고 한다.

방송국에 가끔 소개하는 자연인들이 나이보다 훨씬 늙어 보이는 이유가 이 때문이라고 한다. 도시의 공해에서 벗어나 자연과 함께 살아가면 더 건강하고 활기가 넘쳐야 하는데 말이다.

▲ 사람이 곧 와이파이

아담한 집, 아늑한 방

퇴직 후에는 집의 크기도 줄이면 좋다. 활동이 줄어들면 집의 크기도 방의 크기도 줄이는 게 내 에너지 소모를 줄일 수 있다. 아담하고 아늑한 공간에서 허약해진 내 몸과 영혼을 충전해야 한다. 옛날 어른들이 나이가 들고 힘을 소진하면 한두 평 남짓한 사랑방 생활을 즐겨 했던 이유도 여기에 있다.

퇴직하는 사람들 중에는 가끔 시골에 넓고 큰 집을 준비하는 사람도 있다. 여기에 잔디마당을 꾸미고 커다란 집을 짓고 사는 것이다. 아마도 평소 도시에서 답답하고 좁은 곳에서 살았으니 시골에 넉넉한 대지에 커다란 집을 짓고 싶었을 것이다. 그렇다면 한적하고 경치 좋은 호숫가에 작고 아담하게 집을 지으면 어떨까.

이 같은 생각을 하는 사람이 있었다. 미국의 유명한 작가 헨리 데이비드 소로우이다. 그는 1845년 월든 호숫가의 숲 속에 들어가 5평 남짓한 통나무집을 짓고 자연의 삶을 시작한다.

그리고 그곳 생활을 경험으로 『월든』이라는 책을 출간했다. 우리에게는 『월든』의 작가로 잘 알려져 있기도 하다. 하지만 그는 2년 만에 도시로 돌아온다. 그 후로 다시는 월든의 숲 근처에 가지 않았다고 한다. 그는 도시에서의 생활을 누리다 45세의 젊은 나이에 결핵으로 죽었다. 의사들은 호숫가의 습한 자연생활이 사망의 원인이었을 것으로 판단했다.

결국 퇴직 후 가장 좋은 집은 사람 많은 도시에서 아담한 집이 최고이다.

장소	집 크기	평가	사자성어
사람 많은 도시	아담한 집	수	금상첨화
사람 많은 도시	큰 집	우	유명무실
한적한 시골	아담한 집	양	천만다행
한적한 시골	큰 집	가	설상가상

▲ 사는 장소, 집, 크기에 따라

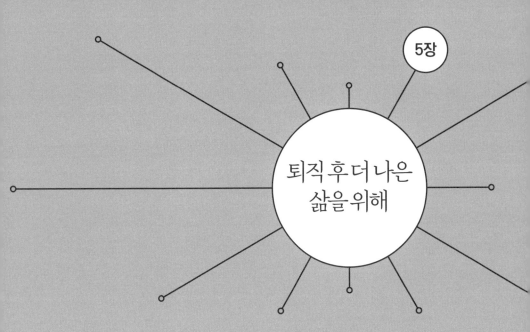

5장

퇴직 후 더 나은
삶을 위해

퇴직 후 3년

30년의 먼 길을 걸어 여기까지 오느라 수고했다. 이제 3년 정도 휴식을 해도 된다. 자동차도 20년을 타면 폐차를 한다.

30년 이상을 일한 당신은 그 누구의 말도 듣지 말고 우선 휴식부터 취하라. 며칠간 실컷 잠도 자 보아라. 늦잠도 자고 밤새 TV도 보면서 잠깐이라도 시간을 잊어 보아라. 인간 시계로 살았던 지난 30년을 분풀이라도 하듯 말이다.

그동안 못 가본 곳도 여기저기 가 보아라. 고향에 가서 며칠 푹 쉬고 오라. 오랫동안 보지 못한 친척들을 찾아 인사도 다녀 오라.

이제 먹고 싶은 음식도 먹고 백화점에 가서 맘에 든 옷도 사고 힘껏 멋을 부려보라. 당신에게는 무엇보다 휴식이 필요하다. 충전이 필요하다. 그 누구의 말도 듣지 마라. 당신은 충분히 휴식을 누릴 자격이 있으니 말이다.

사냥개는 멧돼지나 호랑이도 사냥을 한다. 든든한 포수가 있기 때문이다. 세상에 나와 포수가 없다는 사실을 아는 순간 사냥개는 토끼 한 마리도 사냥을 하지 못한다.

퇴직 후 사업하는 족족 사기를 당하고 망하는 이유이다. 그런데도 수많은 퇴직 전문가는 방송에 나와서 퇴직자들에게 이런저런 방법을 이야기하면서 사냥을 하라고 한다. 그들의 말을 듣고 사냥을 나갔다가는 물려 죽기 십상이다.

왜 3년인가

사냥개가 포수를 떠나 밀림에서 독립하기까지는 3년이란 시간이 반드시 필요하다. 퇴직을 준비했다지만 막상 회사를 떠나면 걱정부터 앞선다. 무엇부터 해야 할지 손에 잡히지 않는다.

인간은 사회적 동물이다. 같은 무리에서 떨어지면 불안과 두려움이 앞서는 것은 당연하다. 그것도 30년 이상 같이했던 무리에서 떨어지면 불안은 더 밀려오기 마련이다.

이때에는 모든 판단 기준이 흐려질 수밖에 없다. 행여 성급한 마음에 이곳저곳 기웃거리다가는 이리저리 끌려다니기 십상이다. 가장 조심해야 할 게 유튜브다. 조회수를 높이기 위해 온갖 자극적인 말로 유혹을 한다. 그들에게 끌리는 순간 인생이 꼬이게 된다.

대부분 사람은 퇴직 후 삶을 그냥 덤으로 사는 삶 정도로 생각하는 경우가 많다. 하지만 삶을 조금만 더 깊이 이해하고 보면 퇴직 후 삶이 더 중요하다는 것을 알 수가 있다. 이 책을 쓴 중요한 이유이기도 하다.

105세인 김형석 교수는 〈백년을 살아보니〉라는 강연에서 삶을 돌이켜보니 70대 전후가 인생의 황금기였다고 강조를 했다. 당신에게 황금기는 이제부터이다.

공자님도 그래서 인생의 끝자락인 50을 들어 지천명이라고 했을 것이다. 50이라면 요즘 나이로는 60대나 70대쯤 된다. 하늘이 명하는 것을 안다는 것은 나에게 주어진 사명을 안다는 것이다.

이제 3년 정도 여유롭게 휴식을 하면서 후반부 인생을 그려 본다. 하늘이 내게 준 천명이 무엇인지 조심스럽게 알아보자. 3년이 지나면 당신은 여명이 밝아오듯이 스스로 알게 된다.

역사적 사명을 위해

"우리는 역사적 사명을 띠고 이 땅에 태어났다."라고 초등학교 때부터 수도 없이 외쳐댔다. 하지만 그 역사적 사명이 무엇인지는 정작 잘 알지 못했다. 가족을 먹여 살리기 위한 것이 나의 역사적 사명인지, 돈을 많이 버는 것이 역사적 사명인지 생각해 보아야 한다.

이제 3년이 지나면 지구라는 무대 위에서 나의 배역이 무엇인지 스스로 알게 된다. 누구나 사주팔자를 가지고 태어나지만 그동안 살아온 삶의 무게에 따라 주어지는 역할도 달라진다. 내게 주어지는 역사적 사명은 퇴직 후에야 명확히 알 수 있다.

그동안 우리는 16년 동안 학교에 다녔다. 나라를 위해 군대도 다녀왔다. 30년이 넘게 황소처럼 일하면서 직장도 다녔다.

결혼을 하고 아이들도 잘 키웠다. 이 모두가 역사적 사명을 받기 위해 쌓은 경력들이다. 공자가 말한 지천명은 바로 역사적 사명을 아는 것이다.

천명이라고 하여 하늘에서 내려줄 것으로 생각하는 이도 있다. 하지만 그것은 그동안 살아온 인생 여정에 따라 이렇듯 자연스럽게 내게 다가온다. 그래서 역사적 사명이라고 한 것이다. 내가 걸어온 인생길을 보고 여기에 맞게 주어지는 사명이기 때문이다. 그러니 남은 인생을 어떻게 보낼까 고민하지 마라. 자연이 스스로 알아서 결정해줄 것이다.

무슨 일을 할 것인가

　　퇴직자들의 가장 큰 고민이 퇴직 후 할 일이 없다는 것이었다. 돈이 있어도 일이 없으면 고달프다고 했다. 그런데 이상하다. 돈이 있는데 무슨 일을 한다는 말인가.

　　우리는 일을 한다고 하면 돈을 버는 것과 연관 지어서 생각한다. 평생을 돈 버는 일을 해왔으니 당연하다.

　　취업전문 회사에서 직장인 남녀 500명을 대상으로 물었다. 첫 번째 질문은 '만약 당신이 30억 로또에 당첨된다면 직장생활을 계속하겠느냐?'였다. 95%인 485명이 당장 회사부터 그만둔다고 했다. 결국, 대부분 직장인이 돈을 벌기 위해 회사에 다닌 것이다.

두 번째 질문은 '그 돈으로 무엇을 하겠느냐?'였다. 대부분이 쇼핑과 여가활동이라고 답을 했다. 무슨 일을 하겠다는 사람은 거의 없었다.

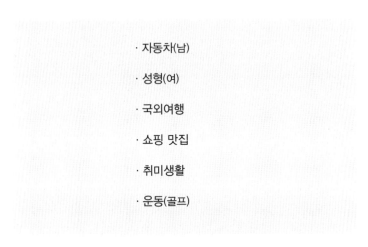

· 자동차(남)

· 성형(여)

· 국외여행

· 쇼핑 맛집

· 취미생활

· 운동(골프)

▲ 30억이 생긴다면?

이제 돈과 관계없이 할 일을 찾아보자. 당신이 돈 걱정 없이 돈으로부터 자유롭다면 무슨 일을 할 것인가. 이 물음에 쉽게 답을 하지 못한다. 그간 돈을 떠나서 할 일을 생각해보지 않았기 때문이다. 이에 대하여 그 누구도 가르쳐주지도 않았다.

나는 왜 이 땅에 태어났는가

나는 이 땅에 무엇 때문에 태어났을까? 너무도 평범한 질문에 놀랐는가. 그렇다면 아래 나오는 문제에 답을 할 수 있어야 한다. 다음은 초등학교 3학년 사회문제이다. 가장 적합한 답을 골라보자.

● 이 땅에 무엇을 하기 위해 태어났을까? 다음 중 가장 적합한 답을 고르시오.

① 돈을 벌기 위해서

② 좋은 차를 타고 좋은 아파트에 살기 위해서

③ 좋은 대학에 들어가기 위해서

④ 가족을 먹여 살리기 위해서

⑤ 이웃과 사회에 필요한 사람이 되기 위해서

(정답은 5번)

우리는 그동안 ①번부터 ④번까지를 위해 열심히 살았다. 정작 ⑤번은 생각해보지도 않았다. 가끔 ⑤번의 삶을 살려고 하면 주변으로부터 바보 소리를 들었다.

가족의 울타리를 벗어나면 이웃과 사회가 새롭게 보인다. 그리고 해야 할 일이 어렴풋이 다가온다. 가족에 대하여 내 의무는 끝이 났으니 이제 이웃을 위해 무엇을 할 것인지 생각해보자.

이웃이라고 하니 동네 옆집이나 앞집을 생각하면 오산이다. 이미 이웃에 대한 개념은 물리적 공간에서의 거리가 아니다. 심리적 공간에서의 거리를 말한다.

옆집에 살아도 눈길 한번 주지 않고 살았다면 이미 이웃이 아니다. 나와 SNS에서 소통하는 사람들이 진정한 이웃이다. 사이버 공간의 1촌, 2촌이 옆집보다도 더 가까운 이웃인 셈이다. 블로그나 인스타그램 등에서 나와 인연을 맺고 있으면 그들 역시 이웃이다. 단톡방에 같이 들어와 소통하고 있다면 그들이 바로 이웃인 것이다.

무슨 일을 해야 할까

무슨 일을 하면 이웃과 사회에 필요한 사람이 될까. 대부분 사람은 어려운 이웃을 돕는 것부터 생각한다. 하지만 도움을 받다 보면 자립심은 사라지고 남에게 의지하게 된다.

도움은 한번 받기 시작하면 마약과도 같다. 좀처럼 그 달콤함에서 벗어나기 힘들다. 지난 30년간 소득은 서너 배 늘었는데 복지 수급자는 30배 이상 늘어난 이유이다.

진정한 도움은 내가 이웃에게 본이 되는 삶을 살아가는 것이다. 나 스스로 올바른 삶을 살면서 그들에게 귀감이 되고 본이 되는 것이 이웃을 돕는 일 중 최고이다.

누구나 가족, 이웃 그리고 사회를 위해 보람된 일을 하고 싶어 한다. 그렇다면 내 몸을 건강하게 만들어 병원에 가는 횟수부터 줄여보자. 2022년 한해 건강보험공단에서 병원에 지출한 돈이 100조 원이 넘었다고 한다. 그중에서 45조 원이 65세 이상 어른들에게 지출하였다. 이 돈에서 10%인 5조 원만 아껴도 서울 시내에 호텔급 원룸을 5만 세대나 지을 수 있다. 월세에 허덕이는 대학생 청년들에게 희망을 줄 수 있는 돈이다. 건강하나만 지켜도 가족이나 사회에 짐이 되지 않는다. 건강한 삶으로 병원을 멀리하는 것 이상 큰일은 없다.

쓰레기 배출량을 줄이는 일, 수돗물을 아껴 쓰는 일, 동네 공원을 우리 정원이라 생각하고 담배꽁초 하나를 줍는 일 같이 작은 실천부터 해보자. 이웃과 사회가 우리 집 이상 소중하게 느껴진다.

가능한 대중교통을 이용하는 일, 가까운 길은 걸어 다니는 일, 승강기를 이용하지 않고 계단을 이용하는 일, 자전거를 타는 일 등은 탄소배출량을 줄이게 되어 이웃과 사회를 넘어 인류를 위하는 일이다.

우월감을 나타내지 않기 위해 명품을 감추고, 비싼 자가용일지라도 표나지 않게 타고 다니며, 비싼 아파트에 살고 있을지라도 다른 이들에게 숨기고 다닌다면 이웃이 가족 이상으로 눈에 들어온다. 이제 당신은 이웃과 사회를 위해 진정으로 소중한 일을 한 것이다.

티 나지 않는 단정한 복장, 나이가 들어서도 흐트러지지 않는 바른 생활, 내 주변을 항상 정돈하고 청결하게 하는 일, 여럿이 어울려 다니기보다 혼자 있어도 당당한 모습으로 생활한다면 나이가 들어도 냄새가 나는 것이 아니라 고고한 향이 날 것이다.

퇴직 후 고향에 가지 마라

모 시청에서 경제통상국장을 끝으로 퇴직하신 분이 계신다. 18세에 읍사무소 서기로 들어가 40년이 넘게 공직 생활을 하신 분이다. 그분은 일찌감치 자신의 고향 시골 마을에서 텃밭을 구매하고 퇴직 후 생활을 준비하였다.

내가 그분을 만난 것은 지방의 모 시청에서 '퇴직 후 삶'에 대한 강의를 할 때였다. 내 강의를 듣고 그분은 생각을 바꾸었다. 시골로 내려갈 계획을 포기하고 대신 시내에 'OO시 경제연구소'를 설립할 준비를 한 것이다.

사실 공직에 있을 때는 자신의 의견 한번 제대로 말할 수가 없었다. 그저 시키는 일 잘하고 무탈하게 자리를 지키는 게 우선이었다. 자리가 높을수록 더 조심스럽다. 아랫사람 눈치에 높으신 의원님들 눈치까지 보려 하니 화장실에 갈 때도 조심스러웠다. 행여 결재를 잘못하여 감사에라도 걸리면 40년 공직 생활이 위태롭기 때문이다.

강의를 듣고 나서 진정한 일은 퇴직한 후 해야겠다는 생각이 들었던 것이다. 40년을 실전 공부를 했으니 시정에 대하여 누구보다 잘 알고 있으리라.

　퇴직 후 5년이 지난 지금 그분의 하루는 시청에 근무할 때보다 더 바쁘다. 어떤 달 수입을 보면 연금보다 통장에 들어오는 돈이 더 많을 때도 있다고 한다. 백번을 생각해도 시골에 가지 않은 게 다행이라고 하였다.

　노무현 대통령이 시골에 농사를 지으러 내려갔을 때 너무 안타까웠다. 대통령의 자리에 있을 때는 이 눈치 저 눈치 보느라 말 한마디 제대로 못 했을 것이다. 대통령의 자리에서 내려오면 '노무현대통령 정치연구소'쯤 만들 것으로 예상했다. 그래서 더 많은 활동을 하면서 대학에서 강의를 하고 새로운 대통령에게 힘이 되어줄 것으로 생각했었다.

　미국의 카터나 레이건 대통령처럼 가끔 외국에도 나가 현직에 있을 때 가보지 못한 나라를 찾아 교민도 위로하고 그 나라 정치인들도 만나서 나라에 힘이 되어 줄 것으로 기대했다.

　그런데 웬걸 노무현 재단을 만들어 무공해 쌀농사를 하겠다고 무리들을 이끌고 고향으로 내려갔다. 시골 이장님처럼 자전거를 타고 막걸리를 마시는 사진을 보고 나는 큰 충격을 받았다. 그동안의 존경심은 실망으로 바뀌었다. 그런데 문재인 대통령도 그분의 뒤를 이었다. 신불산 산자락 시골에 책방을 열었다고 한다.

월급을 받는 이상 나는 월급 주는 이의 머슴에 불과하다. 그동안 내가 한 일은 그저 머슴으로서 충실하게 월급 주는 사람이 시키는 일을 했을 뿐이다. 진정 가치 있는 일은 머슴 신분을 벗고 나서야 찾을 수 있다.

"공직에 있을 때 보나 지금이 열 배는 더 일을 많이 하는 것 같습니다. 시청 후배들이 저를 보고 부러워합니다."

40년 공직을 퇴직한 후 시골에 가지 않고 5년째 경제연구소를 운영하고 있는 분의 이야기다.

배우는 것이 가장 큰일이다

옛날 판서를 거쳐 최고 벼슬인 정승까지 지낸 사람이 갑자기 죽게 되었다. 심판을 앞두고 염라대왕이 그에게 물었다.

"그대는 세상에 살면서 무슨 일을 하다가 왔는고?"

평소 백성을 위해 성심을 다해 일했던 그였기에 당당히 답을 했다.

"저는 과거에 급제한 후에 주요 요직을 거쳐 정승까지 지냈습니다. 평생 백성을 위해 일하다 왔습니다."

그 말을 들은 염라대왕은 살아생전 그의 행적을 묻지도 않은 채 곤장 200대를 때리라고 명을 했다. 이유도 모른 채 매를 맞고 초주검이 다 되어 있는데 다음 사람이 염라대왕 앞에 섰다. 행색을 보아하니 그리 대단해 보이지는 않았다.

"그대는 무슨 일을 하다가 왔는가?"

염라대왕은 같은 질문을 했다.

"저는 평생을 배우기만 하다가 왔습니다."

그의 말을 들은 염라대왕은 그를 저승에서 최고 좋은 자리로 보냈다. 정승까지 지낸 사람도 200대를 맞았으니 평생 하는 일도 없이 배우기만 하다 온 그에게는 300대쯤 때릴 것으로 알았던 정승은 큰 충격을 받았다.

저녁이 되자 그 이유를 알기 위해 여기저기 물었다. 다행히 저승에도 안내자가 있어 그 이유를 알려주었다. 그는 저승에서 가장 높이 평가하는 사람은 배우는 자세로 세상을 살다가 온 사람이라고 했다.

그러면서 이승에서는 직책이 높을수록 책임도 크기 때문에 잘잘못을 가리기도 전에 무조건 200대를 때렸다는 것이다. 크게 깨달은 바가 있는 정승은 염라대왕을 다시 찾았다. 그리고 진심으로 그 앞에서 머리를 숙였다.

    "대왕님 저는 살아생전 어리석어 배우지 못한 게 너무 많
    아 이대로 저승길을 갈 수가 없습니다. 한 번만 기회를 더
    주시면 남은 생을 배우고 또 배우면서 살겠습니다. 부디
    저에게 더 배우고 올 기회를 주십시오."

염라대왕은 그의 간청을 들어 그의 명줄을 더 이어주었다. 다시 살아난 그는 남은 인생을 배움에 정진하였고 평생을 배우는 자세로 살았다. 그리고 자손들에게 유언을 남겼다. 자신이 죽으면 비석이나 지방에 영의정이라는 벼슬을 쓰지 말 것이며 대신 학생이라고 쓰라고 유언을 남겼다. 그가 죽은 후 후손들은 그의 유지를 받들어 비석과 지방에 영의정 대신 '학생부군신위'(學生府君神位)라고 쓰게 되었다.

이때부터 많은 사람이 소문을 듣고 벼슬 대신 학생을 쓰게 되었다고 한다. 배우는 일보다 큰일은 없다. 직장은 큰 학교였다. 그동안 우리는 직장에서 큰 공부를 한 것이다. 앞으로도 매사에 배우는 자세로 살아간다면 삶은 놀랍도록 달라질 것이다. 그런데도 사람들은 배우기보다는 남을 가르치려고 한다. 특히 정치인들이나 지도층에 있는 사람들은 더욱 그렇다.

모든 삶이 공부

공부는 책을 보고 강의를 들으며 머리로만 하는 것이 아니다. 대학원에 진학하여 2~3년 동안을 도서관에서 머리를 싸매고 배우는 것과 시장에서 좌판을 벌이며 같은 기간 세상을 배우는 것 중 어느 것이 더 큰 공부일까.

모두가 시장에서 배움이 더 크다고 답을 한다. 큰 공부는 학교에서가 아니라 세상에서 하는 것이다. 어느 방송사의 캠페인처럼 '사회는 커다란 학교'인 것이다. 소설 『남한산성』의 작가 김 훈은 '나는 책이 아닌 삶에서 모든 것을 배웠다.'라고 했다.

하루하루 모든 삶이 공부이다. 퇴직 후 삶을 배우는 자세로 살아간다면 퇴직 후에는 알차고 의미 있는 인생이 될 것이다. 이것이야말로 천명이고 사명이 아닐까.

휴식하는 것도 공부이다. 여행을 다니는 것도 사람을 만나는 것도 모두가 공부이다. 이 같은 이치를 몰랐던 것은 우리는 학교에서 인문학을 배우지 못했기 때문이다.

다산 정약용, 율곡, 황희 등 조선의 인물들이 지금 우리처럼 밤샘하며 공부를 많이 했을까. 놀랍게도 그들의 학습량은 지금의 중학교 2학년 정도밖에 되지 않는다. 그들이 훌륭하게 되었던 것은 어릴 적부터 인문학을 공부했기 때문이다. 맹자, 논어, 대학, 중용, 노자 등 고전학문이 그것이다. 과거시험 역시 얼마만큼 삶의 지혜를 아는가를 시험하는 인문학이었다.

일제 강점기에 서양 교육이 들어오면서 인문학은 자취를 감추었다. 당시 교육과정은 1900년에 록펠러가 중심이 되어 만들었다. 공장에서 시키는 대로 열심히 일만 잘하는 노동자를 만들기 위한 교육이었다. 공장 일정표가 그대로 학교 시간표가 되었다. 일제 강점기부터 우리도 철저하게 인문학 대신 말 잘 듣는 노예교육을 받아야 했다

미국의 지도층과 귀족들은 자식들을 인문학을 가르치는 사립학교에서 교육을 시킨다. 스티브 잡스, 빌 게이츠는 물론 유명한 정치가들 모두가 인문학을 가르치는 사립학교에서 교육을 받았다. 페이스북의 창시자 주커버그가 다녔던 고등학교 역시 필립스엑시터 아카데미라는 인문학을 가르치는 사립학교이다. 학생 전원이 기숙사에서 생활하는 이 학교의 교육과목을 보면 대부분이 문학, 철학, 심리학, 역사 등으로 편성되어 있다. 대부분 과목이 조선 시대의 서원에서 가르치는 인문학과 비슷하다.

우리는 인문학을 제대로 배우지 못했지만 삶 속에서 인문학을 몸으로 배웠다. 하루하루 삶이 곧 인문학이기 때문이다. 그렇지만 퇴직 후에 인문학을 공부한다면 인생은 몇 배나 더 가치가 있을 것이다.

내가 배우는 삶은

방송에서는 책을 많이 읽어야 한다고 독서를 강조한다. 하지만 책이 너무 많아서 문제이다. 단 한 권의 책이나 좋은 강의 하나가 인생을 바꿀 수 있다.

살면서 좋은 책, 좋은 강의를 만나기란 쉽지가 않다. 하나같이 인문학적 철학 없이 자신들의 주장만을 늘어놓기 때문이다. 특히 요즘에는 유튜브를 통해 누구나 책이나 강의를 가까이 접할 수 있어 더욱 조심스럽다.

나에게 단 한 권의 책을 추천하라면 이시형 박사의 『세로토닌하라』이다. 정신과 의사인 박사는 90세가 되는 최근에도 책을 출간했다. 40여 전 전 1982년에 『배짱으로 삽시다』를 처음으로 출간한 이래 100여 권의 책을 목표로 지금도 책을 집필하고 있다. 그분의 책에는 하나같이 철학의 일관성이 있다. 그리고 그의 일생은 오랜 기간 많은 독자로부터 검증되었다. 고전이 훌륭한 것은 공자를 중심으로 한 일관성 때문이다. 그래서 오랜 기간 읽히고 있다는 것이다. 내가 이시형 박사의 책을 추천하는 이유이다.

시중에 나온 책 대부분이 유행처럼 쓰인 책들이다. 유튜브 강의도 마찬가지이다. 수천 개의 강의를 다 보아도 철학의 일관성이 있어야 한다. 여기에 특정종교나 정치색이 없어야 한다.

요즈음은 군이 책을 보지 않더라도 유튜브를 보면 내용이 잘 정리되어 있어 공부하기 편하다. 나는 이러한 요건에 맞는 세 분의 강의를 매일 듣는다. 한 분은 자운선가의 '혜라TV'이다. 또 한 분은 22살에 신 내림을 받은 '서은희의 굿이야기'이다. 마지 막은 '정법강의'이다. 이들 모두가 10분 정도의 간략한 강의여 서 매일 공부하기에 좋은 내용들이다.

가장 높은 행복지수는

인간의 행위 중 행복지수가 가장 높은 활동은 공부이다. 우 리가 평생 공부를 해야 할 이유이기도 하다. 그동안 공부를 싫 어했던 이유는 학창시절 시험을 보고 등수를 매겨가며 억지로 공부를 했기 때문이다.

온갖 인생을 경험하고 난 후 내 인격을 높이기 위해 스스 로 하는 공부는 행복지수가 높다. 채식혁명을 일으킨 이상구 박사는 엔도르핀의 선구자이다. 하지만 이시형 박사는 다른 주장을 한다. 누구보다 우리나라 사람들의 심리를 가장 잘 분 석하고 있는 분이다. 그는 우리가 행복 물질인 줄로만 알았던 엔도르핀(Endorphin)이 중독성이 강하다는 사실을 밝혀냈다.

우리나라 사람들이 밤낮없이 일하고 대학입시에 매달리고 아파트 평수 늘리기에 목을 매는 이유가 바로 엔도르핀 중독 때문이라는 것이다.

이 엔도르핀을 제어하는 물질이 바로 세로토닌(Serotonin)이라고 한다. 그렇다면 세로토닌은 언제 가장 많이 발생할까. 이 박사는 공부할 때라고 말한다.

그는 『공부하는 독종』이라는 책에서 공부가 주는 행복을 체계적으로 정리하여 소개하였다. 공부할 때 행복물질인 세로토닌이 뇌에서 가장 많이 생성되기 때문이다.

구분	즐거움	보람 (의미)	몰입	집중	지속성	(합계)
공부	＋＋	＋＋	＋＋	＋＋	＋＋	100

－－ 전혀 없음(0점), － 조금 없음(5점), 0 보통(10점),
＋ 조금 있음(15점), ＋＋ 아주 많음(20점)

▲ 공부 행복지수

단순한 삶의 맛

퇴직 후 어떤 삶을 꿈꾸는가. 바다가 보이는 멋진 아파트에서 화려하게 살면서 노후를 보내고 싶은가. 아니면 작은 연못이 딸린 널찍한 집에서 정원을 가꾸며 여유롭게 인생을 보내고 싶은가.

퇴직 후에 누구나 꿈꾸는 삶이 있다. 다만 돈 때문에 꿈꾸는 삶을 포기하고 현실에 맞게 살아갈 수밖에 없다.

정조 왕의 곁에서 수원성을 축조한 다산 정약용이 관직을 내려놓은 후 꿈꾸었던 삶은 어땠을까. 인적이 드문 산 중턱에 방 한 칸짜리 초가집이었을까. 아니면 남한강변 아늑한 곳에 집을 짓고 지인들과 차를 나누며 인생을 논하며 여유롭게 사는 것이었을까.

다산 정약용 선생이 600여 권의 책을 집필한 다산초당에 가보았다. 강진 산골의 산자락 중턱에 10평 정도 되는 아담한 집이다. 원래는 더 작은 초가집이었다고 한다. 이곳에 변변한 살림살이가 있을 리 없다. 다산 선생이 파직을 당하고 이곳으로 귀향을 오지 않았다면 오늘날 우리는 그분의 방대한 저서를 보지 못했을지도 모른다.

이곳에서의 다산 선생의 삶을 『다산의 마지막 습관』이란 책으로 만나볼 수 있다.

단순한 삶의 선택

다산의 강진에서의 삶이 원치 않은 강제적인 삶이라면 스스로 간소한 삶을 선택한 사람이 있다. 우리에게 〈대추 한 알〉로 잘 알려진 장석주 시인이다.

20살 청년 때부터 아름다운 시를 선보인 장석주 시인은 단순한 삶에 대한 예찬론자이다. 그가 소설을 쓰지 않고 시인이 된 이유도 단순한 삶의 철학이 몸에 배어서이다.

작가는 자신이 전하고자 하는 철학을 글로 써낸다. '덜 사고 덜 쓰며 단순하게 산다.' 최근 그의 철학을 오롯이 담아『단순한 것이 아름답다』라는 책을 출간했다. 자신의 뜻을 전하는 데 문장 몇 구절이면 된다는 것이 그의 작품 철학이다. 그에게 긴 소설은 군살처럼 느껴진다. 그래서일까. 그는 몇 줄의 시보다도 단 한 줄의 글을 더 예찬하고 있다.

그는 다산과 비슷한 45세가 되던 해 서울의 삶을 뒤로하고 안성으로 내려갔다. 한적한 시골 산자락에 다산초당처럼 아담한 집을 짓고 '수졸재(守拙齋)'라고 이름을 지었다. 겨우 제집을 지킬 줄 안다는 뜻으로 바둑에서 쓰는 말에서 따왔다고 한다. 가장 낮은 자리에서도 겸양을 잊지 말아야 한다는 그의 철학을 담고 있다. 다산의 강진에서의 삶과 장석주 시인의 단순한 삶을 보고 초라하다느니 빈곤하다느니 감히 입에 올리지 못할 것이다. 그분들의 삶이야말로 가장 알차고 품격 있는 삶이었기 때문이다.

나의 단순한 삶

나는 단순한 삶을 위해 변화를 주기로 했다. 마침 퇴직자를 위한 책을 준비하고 있는 터라 더욱 그랬다.

아내를 설득한 끝에 집을 나와 작고 아담한 오피스텔로 옮겼다. 그리고 그곳에서 단순한 삶을 시작했다. 마침 스몰하우스가 막 주목을 받던 때인지라 그들의 경험을 참고했다. 주거와 사무실을 겸하기 때문에 공간의 배치나 물건을 구매하는 데 신중을 기해야 했다. 집에 있는 책상과 책장을 그대로 옮겼다. 나머지 물품은 최소로 했다. 100리터의 작은 냉장고를 넣고 대신 세탁기는 쓰지 않기로 했다.

속옷과 양말, 수건 등 대부분은 손빨래를 했다. 빨래를 하는 시간은 나의 마음까지 닦아내는 것 같았다. 와이셔츠, 양복 등은 세탁소에 맡긴다. 아침은 요구르트와 생미역으로 건강식을 한다. 점심은 밖에서 먹더라도 저녁만큼은 집에서 간소하게 먹는다. 간소한 식단으로 식사를 준비하니 생각보다 식비가 많이 들어가지 않았다.

간소한 식사에 적응이 되자 밖에서의 식사는 오히려 몸에 부담이 되는 것 같았다. 음식도 맛을 찾는 식사에서 건강을 생각하는 식사로 변해갔다.

가끔 예전에 살던 집에 가면 거실이나 부엌의 복잡한 살림에 정신이 산만해졌다. 집안에 가득한 살림살이를 보면 답답한 마음이 들기도 했다. 그러다 잘 정돈된 내 공간에 들어서면 몸도 마음도 편안해지고는 했다.

우리가 호텔에 가면 힐링이 되는 이유가 여기에 있다. 잘 정돈된 방에 살림살이 하나 없이 간소하기 때문이다. 그 속에선 오롯이 내가 삶의 주인공이다. 지금 우리는 화려한 아파트에 화려한 자동차에 묻혀 산다. 내가 주인이 아니라 아파트나 자동차가 주인이다.

단순한 삶은 경험해보지 않으면 쉽게 느낄 수 없다. 마치 트로트나 팝을 즐기는 이들에게 클래식 음악의 깊이를 전달하는 것과 같기 때문이다.

단순한 삶을 사는 것은 경제적으로 부족해서가 아니다. 알차고 넉넉한 삶을 살기 위해서이다. 그렇지만 가족과 함께 단순한 삶을 살기란 쉽지가 않다. 우선 나부터 간소한 삶을 살아보자.

나만의 공간을

최근에 새로운 주거형태인 코리빙(Co-living) 시장이 관심을 받고 있다고 한다. 침실과 화장실은 독립된 원룸 형태로 쓴다. 대신 거실과 주방은 공동으로 함께 쓰도록 만든 주거형태이다.

1인 가구가 늘어난 추세에 인간의 심리를 잘 반영하는 주거형태이다. 한 건물에 여러 사람들과 같이 살지만 개인 사생활을 방해받지 않는 것이다.

퇴직 후에는 부부가 같이 있는 시간이 많게 된다. 같이 있는 시간이 많아지면 부부 사이가 좋아질 것 같지만 실상은 그 반대이다. 퇴직 후 부부갈등이 많은 이유이기도 하다. 나는 부부 사이가 좋아지려면 주말부부가 되라고 권한다. 더 좋아지려면 월말부부가 되라. 눈물겹도록 그리움이 싹트려면 해외에 나가 1년에 한두 번 보면 된다.

하지만 직장문제 등이 아니라면 억지로 떨어져 있기가 쉽지 않다. 좋은 방법은 부부가 각방을 쓰는 것이다. 그냥 임시로 각방을 쓰는 게 아니라 코리빙 스타일로 아예 자기만의 방을 만들고 서로 사생활을 존중하는 것이다. 가급적 서로의 방에는 들어가지 않는다. 개인의 공간까지 서로의 사생활을 지켜주는 것이다.

"서로 방을 따로 쓰면서 부부 사이도 좋아졌어요,"

각자 자기만의 방을 쓰다 보면 좋은 점이 한두 가지가 아니다. 무엇보다 눈치 볼 일이 없어 좋다. 편안하고 자유롭다. 전화 통화도 자유롭고 TV 채널을 두고 싸움을 안 해도 된다. 잠잘 때는 더욱더 편하다.

부부생활을 할 때만 한방을 사용하면 된다. 퇴직 후 부부생활은 여행에서나 가까운 온천호텔 같은 장소를 이용하면 좋다. 부부 사이가 훨씬 설레고 좋아진다.

부부가 한 이불에서 자야 정이 든다고 고리타분한 얘기를 하는 사람도 있다. 단 일주일만 각방을 써보라. 혼자 있다는 것이 얼마나 편안하고 좋은지 느낄 것이다.

퇴직 후 제일 먼저 할 일이 서로의 방을 만드는 일이다. 부부가 각방을 쓰고 서로의 사생활을 존중하는 것은 서로 멀어지는 것이 아니라 더욱더 소중하게 생각하게 된다. 고슴도치처럼 서로 너무 가까우면 가시가 찔려 아프다. 서로 너무 떨어지면 춥다. 모두가 코리빙이 관심을 받는 이유이다.

슈필라움

'슈필라움(Spielraum)'이란 말은 독일어에서 '놀이(spiel)'와 '공간(raum)'의 합성어이다. 타인에게 방해받지 않고 내 마음대로 할 수 있는 나만의 공간을 말한다. 우리의 전통생활에서도 슈필라움을 찾아볼 수 있다. 사랑방이 그것이다. 사랑방은 그 집 어른만의 개인 공간이었다.

우리나라는 아파트나 주택의 구조상 자기만의 개인적인 공간을 갖기가 쉽지가 않다. 독일에서는 슈필라움을 삶의 중요한 부분으로 생각한다. 슈필라움이 물리적 공간뿐만 아니라 심리 형성에도 중요한 역할을 하기 때문이다.

우리나라 남자들이 유달리 자동차에 집착하는 것도 나만의 유일한 공간으로 슈필라움을 대신하기 때문이다. 슈필라움이 없는 우리나라는 이를 대신하는 독특한 문화가 만들어졌다. 노래방, 모텔의 대실문화, PC방, 찜질방, 좌훈방 등이 그것이다.

퇴직 후 나만의 공간인 슈필라움을 만들어 보자. 그렇다고 다산초당이나 장석주 시인처럼 집을 떠나 별도의 공간을 마련하기는 쉽지가 않다.

지금 사는 집이나 아파트에 나만의 방을 정하여 슈필라움으로 꾸미는 것이다. 이번 기회에 부부가 같이 만들면 더 좋다. 엄마의 방, 아빠의 방을 따로 만드는 것이다. 그 방에는 잠금장치까지 설치하면 더 좋다. 한집에 있는데 무슨 잠금장치를 하나 의아해할 수 있다. 하지만 열쇠로 문을 열고 내 방에 들어갈 때 편안한 기분이 든다면 의아함은 사라질 것이다.

실제 나만의 공간이 있으면 밖으로 돌아다니는 시간이 줄어든다. 나만의 공간에서 에너지가 충전이 되기 때문이다. 자동차에도 집착하지 않게 된다. 노래방이나 찜질방, 사우나 같은 곳에 가는 일도 점점 줄어든다.

부부가 30년 이상을 같은 집에서 그것도 같은 방에서 살았다면 두 사람이 원수가 안 되는 게 기적이다. 부부가 이혼을 하면 거의 원수가 되는 이유이다. 서로가 폭발하기 직전까지 참고 또 참고 살다가 이혼을 했기 때문이다.

외국은 이혼한 부부도 친구처럼 지낸다. 그들이 성격이 좋아서가 아니다. 부부가 서로 맞지 않으면 원수가 되기 전에 금방 헤어지기 때문이다.

부부가 서로 같은 방에서 생활하지 않고 자기만의 공간을 갖는 것만으로도 부부 사이는 놀랍도록 좋아진다.

그릿(Grit)의 힘

10년 후 혹은 20년 후 당신의 모습을 떠올려 보자. 누구나 70대, 80대로 늙어가는 자신의 모습을 상상하기 싫을 것이다. 애써 미래의 모습을 외면하는 이유이다.

만약 10년 후나 20년 후 당신의 모습이 지금보다 더 활력이 넘치고 더 건강하고 더 당당하고 멋진 모습이라면 생각이 달라질 것이다. 그때를 생각하면 희망과 설렘으로 기다릴 것이다.

나이가 들면 당연히 늙어가고 체력도 떨어지는데 무슨 소리냐고 반문할지 모른다. 지금처럼 버킷리스트나 챙기며 이것저것 경험해 보고 여행이나 등산으로 하루하루를 보낸다면 미래는 희망이 없다. 10년, 20년 후에 지금보다 더 나은 삶을 꿈꾼다면 '그릿(Grit)'에서 해답을 찾아보자.

'그릿'은 목표를 향해 꾸준하게 지속해서 노력하는 것을 말한다. 그러면서 그 기간 조금씩 나아지고 있다는 것을 확인하며 보람과 성취감을 느끼는 것이다.
그렇다면 나이가 들어서도 꾸준하게 지속해서 할 수 있는 것들을 찾아보자. 그동안 우리는 소유(Having) 위주의 목표를 향해 꾸준하게 노력하며 살아왔다. 이제는 존재(Being) 위주의 삶에서 목표를 찾아보자.

존재(Being) → 삶 → 소유(Having)

소유(Having) → 삶 → 존재(Being)

▲ 존재와 소유

다음은 누구나 어렵지 않게 꾸준히 따라 할 수 있는 10가지를 정리해 보았다. 이를 참고하여 자신에게 맞는 삶을 설계해 보자.

체력 관리

누구나 나이가 들면서 체력도 약해진다. 하지만 꾸준히 운동하고 관리를 하면 직장생활을 할 때보다 더 건강한 몸을 만들 수 있다. 시간의 여유가 있는 만큼 충분하게 체력을 관리할 수 있기 때문이다. 나이가 들수록 돈보다 근육이 중요하다고 한다. 그만큼 체력의 기준은 근육이다. 자신에게 맞는 운동을 정하여 매일 꾸준히 하면 근육은 얼마든지 키울 수 있다. 한양대학교 유영만 교수는 재테크보다 근테크를 강조한다. 나이가 들수록 근육이 가장 큰 자산이라는 것이다. 그릇의 효과를 가장 빨리, 오랜 기간 눈으로 보면서 순간순간 확인해 볼 수 있는 것이 체력이다.

하지만 퇴직을 하고 나면 체력 관리가 생각보다 더 힘들다. 나를 통제하거나 관리하는 조직이 없기 때문이다. 운동이 좋다는 것은 다들 알고 있다. 그런데 뻔히 알고도 안 한다. 우리의 뇌 구조 때문이다. 우리의 뇌는 건강 따위는 관심이 없고 쉽고 달콤한 것에 먼저 반응한다. 야식을 즐기는 것도, 술을 참지 못하는 것도, 담배를 끊지 못하는 것도 이 때문이다.

공짜 헬스클럽은 아무리 시설이 좋아도 며칠 만에 그만둔다. 하지만 돈을 내고 등록을 하면 돈이 아까워 운동한다.

학생들이 돈을 내고 학원등록을 하고도 강의를 잘 안 듣는다. 이번에는 3개월을 꾸준히 강의를 들으면 수강료 전액을 환급해 주었다. 학생들은 수강료를 돌려받아 용돈으로 쓰기 위해 열심히 3개월간 강의를 들었다. 3개월을 꾸준히 강의를 들은 학생들은 이후에도 습관이 되어 저절로 계속 강의를 잘 들었다.

이 방법으로 대한민국 학원가를 평정한 사람이 있다. 바로 공신닷컴의 김성태 선생이다. 그는 다양한 경험을 통해 '66일의 법칙'을 생각했던 것이다. 어떤 일이든 시작 후 66일 동안 계속하면 저절로 습관이 되어 계속하게 된다는 것이다. 인터넷에 보면 수많은 사람이 이를 따라 실행하여 성공한 사례를 소개하고 있다. 또한, 다양한 양식으로 '66일 습관 달력'이 소개되어 있다. 자신에게 맞는 양식을 내려받아 잘 보이는 곳에 두고 하루하루 체크해 가면서 운동하면 성공할 수 있다.

나는 '66일의 법칙'을 알고 난 후 3년째 운동을 계속하고 있다. 무슨 일이든 66일 동안 하고 나면 그때부터는 습관이 되어서 저절로 하게 된다. 운동하고 난 후 습관 달력에 표시해나간다. 하루하루 빈칸을 채워나가기 때문에 뇌에 인식되어 계속하게 된다.

이렇게 꾸준하게 체력을 관리한다면 당신은 근육을 뽐내는 멋진 몸을 기대할 수 있다. 나이가 들어서도 품격 있고 멋진 남자로 주위의 부러움을 받게 된다.

식습관 관리

대부분 사람은 건강을 위해서 운동이나 등산 등을 생각한다. 그러나 외적인 체력보다도 몸속에 있는 장기의 역할이 더 중요하다. 건강의학 전문가들은 외부의 체력 관리에 30%, 식습관 관리에 70%의 비율로 건강을 관리할 것을 권장한다.

사실 병은 체력이 약해서 오는 게 아니다. 오장육부가 기능을 못해서 생긴다. 우리는 보이는 외모를 몸 전부라고 생각한다. 자동차의 엔진이나 내부장치는 무시한 채 겉만 보는 것과 같은 이치이다. 자동차는 연료를 주입하면 움직인다. 인간은 음식을 먹고 오장육부를 통하여 에너지를 만들어낸다. 회사생활을 할 때는 에너지의 소모가 많아서 고칼로리 식사를 할 수밖에 없다. 퇴직하고부터는 건강식으로 식단을 바꾸어 식사하도록 해보자.

직장생활을 할 때는 에너지를 소모하게 되므로 영양식 위주로 하루 세끼를 꼬박 먹어야 했다. 이제 퇴직 후에는 두 끼 정도가 적당하다. 점심을 겸한 늦은 아침 식사와 저녁을 겸한 늦은 오후 식사가 좋을 것이다.

자신의 체질에 맞는 식단을 짜서 꾸준하게 관리하면 건강은 놀랍도록 좋아진다. 5년 이상 꾸준하게 식습관을 관리하면 당신의 건강은 5년 이상 젊어진다.

공부와 체험

직장이라는 감옥에서 해방되고 세상에 나오면 공부하기 너무나 좋은 환경이다. 마음만 먹으면 세상은 온통 공부거리이다. 유튜브에서 내가 필요한 책이나 영상을 언제든 볼 수 있다. SNS를 통해 나와 철학이 같은 사람들과 실시간으로 소통할 수 있다.

가족들 부양하느라 직장에서 이 눈치 저 눈치 보느라 마음 편히 유튜브 한번 보지 못했다. 이제 누구 눈치 볼 필요 없이 마음 놓고 공부할 수 있다. 5년, 10년 삶을 성찰하며 꾸준하게 배우다 보면 자신은 놀랍도록 발전하고 성장할 것이다. 품격 있는 멋진 어르신으로 주위의 존경과 선망을 받을 것이다. 그럿의 효과를 가장 크게 볼 수 있는 것이 공부이다.

하지만 공부보다 더 중요한 게 체험이다. 삶의 궁극적인 목적이 체험이기 때문이다. 이는 종교와 철학 그리고 예술과 과학을 아울러 학자들이 내놓은 결론이다. 우리는 결국 체험을 하기 위해 지구행성에서 태어난 것이다. 체험이야말로 삶에서 얻을 수 있는 고귀한 열매이다.

체험은 침대에 누워서 할 수 없다. 편안하게 쉬면서 할 수 없다. 앉아서 스마트폰을 보거나 TV를 보는 것은 체험이 아니다. 직접 몸을 움직이고 가슴으로 느껴야 진정한 체험이다.

당신이 몸으로 체험하는 것은 모두가 소중하다. 하루하루 체험을 위해 많이 움직여라. 살아서 얼마나 많이 체험했는가. 게임에서 점수가 쌓이듯이 당신이 체험할 때마다 삶의 격이 조금씩 올라간다. 체험이야말로 모든 삶을 평가하는 기준이 된다. '죽는 날까지 체험하라.' 당신에게 줄 수 있는 단 하나의 문장이다.

독서, 한문, 서예, 영어

분위기 있는 찻집에서 혼자 커피를 마시며 책장을 넘기는 당신의 모습을 상상해 보라. 혼자만의 공간에서 차를 마시며 책을 보는 당신을 그려보라. 나이가 들수록 품격이 생명이다. 품격을 높이는데 독서만 한 게 없다. 많은 책을 읽기보다 의미 있는 책 한 권을 읽는 게 더 좋다. 생일이나 기념일에 의미를 담아 몇 권의 책을 구매하는 것도 좋다. 책을 고를 때는 베스트셀러나 광고에 끌려 고르기보다는 자신의 철학과 삶에 공감이 되는 책을 고르는 게 좋다. 시간이 넉넉한 만큼 책 한 권을 고르는데 정성을 다해야 한다.

나이가 들어가면서 한자를 공부하면 새로운 맛을 느낄 수 있다. 메모하거나 글씨를 쓸 때 한자를 쓰면 왠지 품격이 높아 보인다. 여기에 글씨까지 서예체로 잘 쓰면 무게감이 있어 좋아 보인다.

공항이나 해외에서 번역기 없이 영어로 의사소통만 해도 당신의 위상은 달라진다. 하루 한 시간 정도씩 1년만 꾸준히 노력한다면 해외여행에서 어지간한 의사소통은 가능하다.

친구들과 혹은 단체여행을 하면서 외국인과 자연스럽게 대화하게 되면 주위에서 당신을 다시 보게 된다. 내친김에 일본어에 중국어까지 도전할 수 있다면 당신의 위치는 놀랍게 달라진다. 10년 후, 20년 후에는 당신은 최고의 보람과 성취감을 맛볼 것이다.

나는 하루에 한 시간 남짓 꾸준하게 영어 공부를 하고 있다. 내 저서가 번역되어 외국에 갔을 때 인터뷰 정도는 영어로 할 것이다. 영어가 어느 정도 가능해지면 일본어도 공부할 생각이다. 10년 후라면 미국인, 일본인과 큰 어려움 없이 대화할 수 있을 것이다. 어학공부 역시 그릿의 효과를 톡톡히 볼 수 있다. 무엇보다 큰돈이 들지 않고 시작할 수 있어 좋다.

테마 여행

여행만큼 성취감과 즐거움을 주는 활동은 드물다. 그만큼 여행이 가져다주는 기쁨은 크고 깊다. 하지만 경제적으로 많은 돈이 들어간다. 또한, 골프 여행이나 단체 여행, 크루즈 여행과 같은 패키지 여행만을 하다 보면 금방 싫증이 난다.

테마 여행을 추천하는 이유는 이 때문이다. 여행을 체험과 공부의 하나로 생각하고 미리 준비를 철저히 한다. 여행 전 현지의 문화나 역사에 관하여 충분한 공부를 한다. 그런 후에 공부하는 자세로 꾸준히 여행한다면 남는 여운 또한 클 것이다.

그냥 유적지를 내키는 대로 가는 것보다 유홍준 교수의 『나의 문화유산 답사기』를 탐독하고 문화유산을 관광하면 그 의미가 몇 배 더해지는 것도 같은 맥락에서이다.

자기관리

나이가 들수록 자기관리가 더욱 중요하다. 지인과 식당 한군데를 가더라도 커피 한 잔을 하더라도 의미 있는 곳을 찾아갈 수 있어야 한다. 나이가 들어서 맛집을 찾아 여기저기 기웃거린다면 왠지 격이 떨어진다.

나이에 맞는 옷차림이나 헤어스타일도 중요하다. 여기에 가방 같은 소지품 하나를 보더라도 연륜이 있고 무게가 있어야 한다. 나이가 들수록 그에 맞는 격이 있어야 하기 때문이다. 이 같은 내용은 이시형 박사의 『품격』이라는 책에 잘 소개되어 있다. 걸음걸이, 의자에 앉는 모습, 말 한마디, 행동 하나까지 풍겨 나오는 품격은 하루아침에 나올 수 없다. 10년, 20년 꾸준히 자신을 관리 할 때만이 품격으로 나타난다. 꾸준한 자기관리야말로 그릿으로 요약하여 정의할 수 있다.

좋아하는 일

우리는 그동안 싫은 일이어도 어쩔 수 없이 해야 했다. 이제는 내가 좋아하는 일을 하고 살면 된다. 돈을 버는 것을 생각하지 말고 좋아하는 일을 찾아보자.

좋아하는 일은 즐거움, 재미, 성취감, 몰입, 지속성이 있어야 한다. 특히 지속성이 있으려면 약간의 보상이라도 주어지는 것이 좋다. 적절한 보상이 없으면 몇 번 하다가 그만두게 되기 때문이다.

평소 정리정돈에 관심을 두고 있던 분들이 모여 모임을 만들었다. 그분들을 중심으로 사회적 기업을 만들었다. 그리고 이웃이나 주변 다른 집의 정리정돈을 도와주면서 일정한 수입도 올리고 있다.

목조주택을 좋아해 동호회 활동을 하는 분이 있다. 그분은 퇴직 후 일주일에 3일 정도는 보수를 받고 일을 한다. 다른 사람들의 목조주택 짓는 일을 도와주고 있는 것이다. 전문직이다 보니 그가 받는 일당은 20만 원이다. 일주일에 3일 정도 좋아하는 일을 하면서 60만 원을 벌고 있는 것이다.

취미생활, 모임활동

취미생활과 독서, 운동, 여행, 등산은 구분이 잘 안 되기도 한다. 운동인지 취미생활인지 구별이 안 되는 것이다. 간단히 구별하는 방법이 있다. 자신의 건강을 위해서 운동을 한다면 취미생활이 아니고 그냥 운동이다. 건강을 위해 테니스를 하는가 아니면 승부를 위해 테니스를 하는가의 차이다.

자신의 성장을 위해 책을 보는 것은 취미생활이 아니고 공부이다. 소설책을 보고 추리소설을 보고 즐거움에 푹 빠지는 것은 취미생활이다.

취미생활을 그릿으로 연결되기 위해서는 난도가 높아야 한다. 똑같은 음악 감상일지라도 클래식과 트로트는 난이도가 다르다. 클래식 음악을 제대로 감상하려면 5년은 공부해야 한다.

반면 트로트는 단 하루 만에도 감상을 할 수가 있다.

바둑에서 오목을 두는 것과 기원에서 정식 바둑을 두는 것과 비교해 보자. 난이도가 없는 취미는 그 사람의 품격까지 떨어트린다.

취미생활 중에 조심해야 할 것이 있다. 물건이나 생물을 수집하는 일이다. 지인 중에 고가구를 취미로 수집하면서 평생을 보내는 분이 있다. 돈이 조금만 생겨도 고가구를 사들이며 열과 성을 다했다. 60세가 넘어 퇴직하고도 그의 수집활동은 계속되었다. 그런데 그동안 수집한 고가구를 보관할 곳이 마땅치 않았다. 변두리에 가건물을 짓고 그곳에 수집품을 보관하였다. 평생을 바쳐 수집한 취미활동이 나이가 들수록 짐이 되고 있는 것이다.

분재나 난, 수석을 취미로 하는 사람들이 모두 같은 고민을 하고 있다. 동전, 미술품, 도자기, 골동품, 희귀물건 등 수집을 취미로 하는 사람들 모두 같은 처지이다. 최근에는 같은 생각과 같은 취미를 가진 사람들이 만나거나 소통하기가 훨씬 쉬워졌다. 스마트폰을 활용한 SNS나 인터넷 덕분이다. 오래 할수록 깊이가 있고 꾸준하게 할 수 있는 모임일수록 좋다.

사랑, 연애

사랑과 연애는 나이와 아무런 관계가 없다. 오히려 나이가 들수록 더 깊은 맛을 느낀다. 지인 중에 80세가 넘어서도 사랑을 즐기는 분이 있다. 그분은 3~40대에 사랑과는 그 느낌이 다르다고 한다. 연애도 마찬가지이다. 사랑과 연애는 에너지이다. 그만큼 열정과 에너지가 있다는 증거이다. 사랑과 연애를 즐기는 사람은 나이가 들어도 냄새가 나지 않고 향이 난다. 아름답고 곱게 나이가 들고 싶거든 꾸준히 사랑하고 연애를 즐겨라. 그러기 위해서 자신을 가꾸고 멋지게 메이킹하라.

노인보다 어른

10년, 30년 후를 생각하면 불안과 두려움이 앞서는가. 아니면 설렘과 기대가 앞서는가. 대부분 불안과 두려움 쪽일 것이다. 나이 든 사람에 대한 기존의 관념 때문이다.

퇴직 후는 나이가 들수록 존재감이 떨어진다. 스스로 사회에 불필요한 존재라고 생각한다. 언젠가는 요양병원 신세를 져야 할지도 모른다. 자식들에게 짐이 되기 싫은데 행여 쓰러지기

라도 한다면 어떨까. 이래저래 걱정부터 앞선다. 당신이 늙어서 노인이 되어가기 때문이다.

이제 생각을 바꾸어 보자. 건강하고 품격 있게 나이가 들어간다면 당신은 나이가 들수록 멋진 어른이 될 것이다. 구부러진 노인이 아니라 100세가 넘어서도 당당한 자태로 아우라가 풍기는 어른이 되어갈 것이다. 은빛 머릿결을 날리며 피부는 붉은 홍조를 띠고 가는 곳마다 주위가 밝게 빛이 날 것이다. 당신의 옮기는 걸음 따라 세상도 따라 움직일 것이다.

늙어가는 노인이 될 것인가. 멋지고 품격 있는 어른이 될 것인가.

기쁨과 환희에 찬 미래를 맞이할 것인가. 어둡고 불안한 미래를 맞이할 것인가. 모두가 당신의 선택에 달렸다.

두말할 나위 없이 기쁨과 환희에 찬 미래를 선택하고 싶을 것이다. 그렇다면 하루하루 목표를 정하고 꾸준하게 노력을 해야 한다. 젊은이보다 더 많이 움직이고 더 많이 체험하고 더 많이 공부해야 한다. 직장에 얽매여 끌려다니는 젊은이보다 당신이 열배 백배 더 시간이 넉넉하기 때문이다.

넥스트 라이프

'넥스트 라이프(Next Life)'는 다음 세상이다. 즉, 죽음 이후의 세상을 말한다.

사람마다 그곳을 달리 부른다. 천당, 지옥, 극락, 연옥, 저승, 황천, 저세상, 먼 곳, 내세, 지하세계, 무덤, 후세, 영계, 구천, 하늘 등 불리는 이름도 헤아릴 수 없이 많다.

영혼 대신 소울(Soul)이라고 하면 거부감이 없다. 죽음 대신 '넥스트 라이프(Next Life)'라고 정한 이유이다. 그래서인지 누구나 이에 관하여 얘기하기를 싫어한다. 이에 관한 이야기를 꺼내면 하나같이 회피하려 든다. 왜 그럴까? 그것은 죽음에 관한 두려움, 즉 그곳을 모르기 때문이다.

나이가 든다는 것은 죽음에 점점 다가가고 있다는 것을 의미한다. 죽음이라는 단어는 누구나 피하고 싶은 단어이다. 그만큼 죽음 앞에서는 그 누구도 자유로울 수 없다.

인간이 죽음으로 모든 게 끝이라면 태어나는 순간부터 희망이 아니라 절망이다. 하루하루 죽음을 향하여 다가가고 있기 때문이다. 그러기에 인간은 죽음이 끝이 아니라고 다양한 방식으로 이해하며 살아왔다.

오랜 전통인 제사문화도 관습을 넘어 죽음을 이해하는 방식으로 볼 수 있다. 내가 죽어서 영혼으로 남아 후손과 교류한다는 것이며 이를 제사문화로서 생활화한 것이다.

윤회설이나 영혼불멸을 주장하는 등 수많은 종교 역시 죽음에 대한 이해이다. 하지만 죽음에 대한 두려움은 어찌할 수 없다.

평생 신을 믿고 따른 신자들은 죽고 나서 신이 없을까 봐 두렵다. 반면에 죽고 나면 끝이라며 살았던 무신론자들은 죽고 난 후 정말로 사후세계가 있어서 자신을 지옥으로 보낼까 봐 두렵다. 이래저래 죽음은 두렵다.

하지만 세상은 아직 죽음에 대하여 명확한 답을 주지 않았다. 덕분에 수많은 종교가 생겨나서 죽음에 대한 답을 대신 전하고 있다. 종교 지도자들에게는 무척 다행한 일이다.

종교가 아닌 곳에서도 죽음에 대한 답을 찾고자 했다. 플라톤, 소크라테스, 공자에서부터 현대의 칸트에 이르기까지 수많은 철학자가 나섰다. 지난 3,000년 동안 죽음에 대하여 나름대로 논리적으로 각자 주장을 펼쳤다.

마음과 영혼

우리는 과학으로 검증되지 않거나 눈에 보이지 않으면 인정을 하지 않는다. 그중의 하나가 영혼이다. 영혼의 존재를 현대 과학으로 검증하지 못하고 있다. 겨우 심리학에서 다양한 용어로 해석하여 다루는 정도이다.

우리는 영혼이라고 하면 거부감을 느끼고 잘 쓰지 않는다. 그나마 소울이라면 고상하고 자연스럽게 들린다. 이제 영혼과 마음을 알아보자.

영혼은 진정한 '나'이다. 함석헌 선생님의 스승이신 다석 류

명모 선생은 영혼을 '얼나', 마음을 '제나'로 표현하였다. 그러면서 영혼을 모르면 눈뜬장님이라고 하였다.

영혼은 욕망에 가득한 마음에 가려있어 육신이 잠들어 있을 때만 겨우 활동한다고 한다. 육신이 잠들면 마음도 같이 잠들기 때문이라는 것이다. 금식을 하고 철야를 하는 것도 육신을 약하게 하고 마음을 죽이고 영혼에게 힘을 주기 위해서라고 하였다. 류영모 선생이 평생을 하루에 저녁 한 끼만 먹었던 이유이다. 그분의 호를 다석(多夕)으로 지은 이유도 저녁 한 끼의 뜻을 담은 것이다.

정신을 관리한다는 것은 내 영혼을 올바로 알아가는 것이다. 영혼이 곧 나이기 때문이다. 그동안의 삶은 가족들 먹여 살리느라 내 영혼은 찾아볼 겨를도 없었다. 이제 퇴직을 하면 그동안 잊고 살았던 내 영혼부터 챙겨야 한다. 그동안 삶의 무게에 눌려 단 한 번도 찾지 않았던 진정한 나인 내 영혼을 챙겨보자.

왼쪽 가슴 심장 위에 손을 얹고 조용히 눈을 감아보라! 그리고 내 영혼을 느껴보라! 안개가 걷히듯이, 여명이 밝아오듯이 서서히 심안(心眼)이 열리게 된다.

영혼	마음
Soul	Mind
내가 살아온 결과	현재의 나
단시간에 바꿀 수 없다	한순간 바꿀 수 있다
영혼은 마음과 타협	마음은 육체와 타협
육체가 없어도 존재함	육체가 없으면 즉시 사라짐
무의식과 관계된 모든 것	의식과 관계되는 모든 것
가슴으로 느낌	머리로 생각
영혼의 언어 = 감정	인간의 언어 = 글
감성	이성
인품, 인격, 사랑	돈, 물질, 명예, 권력
잠재의식	현재의식
예술, 문화	학문, 과학

▲ 영혼과 마음의 구분

믿음보다 이해를

역사 이래 죽음에 대하여 누구 하나 속 시원하게 이해를 시킨 이가 없었다. 믿음은 아는 것을 이기지 못하고 아는 것은 이해하는 것을 이기지 못한다.

초등학교 때 예방주사를 맞기 위해 길게 줄을 서 있을 때를 생각해보자. 내 차례가 점점 더 다가올수록 불안과 두려움이 더해온다. 주삿바늘의 아픔만을 생각하기 때문이다. 훗날 성인이 되면 스스로 병원을 찾아 주사를 맞는다. 이해했기 때문이다.

부시먼이 비행기에서 떨어진 콜라병을 주어가자 온 부족이 난리가 났다. 홍콩에 온 그가 콜라병을 이해하고 나서부터는 위스키에 스포츠카를 더 즐겼다. 무엇인가 이해한다는 것은 해방이다. 그 순간 긴 어둠의 미로에서 벗어날 수 있다.

편안하고 포근한 보금자리에 갑자기 엄마의 비명이 들린다. 시끄러운 소리, 바삐 움직이는 사람들, 날카로운 쇳소리, 아기는 공포에 질려 이내 몸을 웅크린다. 엄마의 비명은 점점 커지고 곧이어 날카로운 칼날이 유일한 생명줄인 탯줄을 잘라버린다. 동시에 싸늘한 공기가 살을 에듯 폐 속으로 파고든다. 첫 호흡이다. 출산의 순간은 태아에게는 죽음이다. 엄마에게는 새

생명이 탄생한 것이다. 아이는 울지만, 밖에서 기다리는 모두는 환호한다.

모르면 불안하고 두렵다. 이해하면 축복이고 사랑이다.

영화 〈아포칼립토〉는 현대문명을 접하지 못한 원시인들의 생활을 그린 영화이다. 그들에게 갑자기 나타난 개기일식은 재앙이고 두려움이다. 그들은 해마다 산 사람을 제물로 바치는 의식을 거행한다. 이때 갑자기 달이 태양을 가려 대낮인데도 어두워졌다. 이들은 두려움에 떨며 살육을 멈춘다. 그들의 무지함은 현대문명으로 무장한 커다란 범선이 도착하면서 막을 내리게 된다.

메타버스와 죽음의 이해

이제 세상은 메타버스를 이야기하는 시대가 되었다. 머지않아 죽음에 대하여 믿음이나 가설이 아니라 우리가 모두 이해하는 날이 올 것이다. 우리가 죽음을 이해한다면 나이 든 것에 대하여 불안해하지 않을 것이다.

영화 〈매트릭스〉나 〈아바타〉를 보면서 죽음 이후 세상에 대한 답을 구해 볼 수도 있다. 가상현실에서 내 아바타가 쇼핑을 하고 회의도 하고 여행도 다닌다. 땅을 일구고 집도 짓고 서로 연애도 한다. 현실의 나와 가상현실의 아바타가 서로 구분이 안 될 정도로 몰입된다.

〈매트릭스〉에서처럼 가상공간의 내 아바타가 다른 아바타의 공격을 받아 총에 맞았는데 실제 나에게 아픔이 느껴진다. 현실과 가상현실이 공존하는 세상이 올 것이다.

영화 〈아바타〉에서처럼 가상현실 속의 아바타가 아닌 내가 직접 가상현실에 들어갈 수 있는 날이 올 것이다.

미래학자들은 죽음에 대하여 과학적으로 접근하고 있다. 죽음이란 내가 육신을 벗고 가상현실 같은 다른 차원으로 가는 것이라고 한다. 그 속에서 나는 아바타가 아니 내 영혼이 들어가 실제 생활을 한다는 것이다. 가상의 세계에서는 세상에서 살았던 인격에 의해 내 레벨이 정해진다고 한다. 우리가 이 세상에서 뜻있게 잘살아야 할 이유이다.

STICK

사랑합니다, 스틱! 스틱은 당신을 응원합니다.
가까이 있는 당신을 생각합니다. 멀리 있는 그대를 그리워합니다. 가족을 사랑합니다.

이 책을 읽을
당신과 함께
하고 싶습니다!

블로그 **blog.naver.com/stickbond**

stickbond@naver.com

이 책을 읽은
당신과 함께
하고 싶습니다!